THE 12 POWERS OF A MARKETING LEADER

深度营销

成就营销领导力的 12 大原则

How to Succeed by Building Customer and Company Value

［美］**托马斯·巴塔**
Thomas Barta

［美］**帕特里克·巴韦斯**
Patrick Barwise

著

美同　译

北京联合出版公司
Beijing United Publishing Co.,Ltd.

图书在版编目（CIP）数据

深度营销：成就营销领导力的12大原则 /（美）托马斯·巴塔，（美）帕特里克·巴韦斯著；美同译. —— 北京：北京联合出版公司，2024.2
ISBN 978-7-5596-6628-4

Ⅰ.①深… Ⅱ.①托…②帕…③美… Ⅲ.①市场营销学 Ⅳ.①F713.50

中国国家版本馆 CIP 数据核字（2023）第 235691 号

The 12 Powers of a Marketing Leader: How to Succeed by Building Customer and Company Value
Copyright © 2017 by Thomas Barta and Patrick Barwise.

深度营销：成就营销领导力的12大原则

作　者：	〔美〕托马斯·巴塔　〔美〕帕特里克·巴韦斯
译　者：	美　同
出品人：	赵红仕
选题策划：	玉兔文化
责任编辑：	徐　樟
特约编辑：	高继书　桂婧琦
封面设计：	王喜华
内文排版：	创研设

北京联合出版公司出版
（北京市西城区德外大街83号楼9层　100088）
北京联合天畅文化传播有限公司发行
北京美图印务有限公司印刷　新华书店经销
字数172千字　880毫米×1230毫米　1/32　8印张
2024年2月第1版　2024年2月第1次印刷
ISBN 978-7-5596-6628-4
定价：58.00元

版权所有，侵权必究
未经书面许可，不得以任何方式转载、复制、翻印本书部分或全部内容。
本书若有质量问题，请与本公司图书销售中心联系调换。电话：（010）64258472-800

致 我 们 的 家 人

作者的话

  这是一本关于领导力的图书,旨在帮助营销管理者为公司创造更大的价值,同时也使自己获得更好的职业发展。
  书中的内容基于市场营销领导力领域里迄今为止规模最大的全球性研究。

推荐语

书中的见解来自扎实的科学研究，非常有说服力，讲清楚了营销管理者如何领导营销工作，在组织内外实现质的转变。如果你想在营销这个最激动人心、最充满活力的经营领域大干一场，那就一定要来读这本书。

——保罗·波尔曼（Paul Polman）
联合利华（Unilever）首席执行官

《深度营销》为首席营销官提升影响力，并且成为组织中的领导者指明了一条具体而可行的途径。如果你想要在营销工作中更上一层楼，这本书就不能不看。

——多米尼克·巴顿（Dominic Barton）
麦肯锡公司（McKinsey & Company）前全球董事总经理

全是干货！除了扎实的分析，就是重要的职业发展建议，还有精彩的案例研究，读起来也酣畅得很。如果你是一位志向远大的营销管理者，这本书就绝对不能错过。

——加文·帕特森（Gavin Patterson）
英国电信（BT）前首席执行官

这是一本我们已经期待了许久的书，它深入解析了做好营销领导工作所真正需要的技能。这本书写得非常务实，而且引人入胜，所有人都能拿它来提升业绩，推动职业发展。在营销的基本原则日益受到技术挑战的今天，这本书提供了在迅疾变化的商业环境中领导营销工作的路线图。书中的12大原则抓住了真正重要的东西，充满了洞见和智慧。

——希尔·萨勒（Syl Saller）
英国帝亚吉欧公众有限公司（Diageo）全球首席营销官
2015年度营销协会领袖（Marketing Society Leader）

营销是组织能否成功的关键。《深度营销》是未来首席营销官们的领导力圣经。

——吉姆·施滕格尔（Jim Stengel）
宝洁公司（Procter & Gamble）前全球营销官

《深度营销》重点讲述了首席营销官的成功第一要素——领导力！书中的洞见和富有启示的案例皆源自大规模的科学研究，这是一本写给新世纪营销管理者的领导力著作。

——凯蒂·瓦内克-史密斯（Katie Vanneck-Smith）
道琼斯公司（Dow Jones）前首席客户官

推荐语

巴塔和巴韦斯描绘了一幅清晰而夺人眼球的路线图，以此来帮助营销从业者成长为举足轻重的企业领袖。他们的成功模型深深地扎根于数据和经验，为有效应对瞬息万变的营销环境提供了一套系统的做法。

——彼得·霍斯特（Peter Horst）
美国好时公司（The Hershey Company）前首席营销官

这本书描绘了一幅清晰的蓝图，凭借它，任何一位营销管理者都能在职场里步步高升。书里充满了具体的战术、洞见和智慧。读起来也非常痛快，引人入胜，内容丰富，鼓舞人心。

——芭芭拉·梅辛（Barbara Messing）
美国猫途鹰网站（Trip Advisor）首席营销官

把客户需求与公司业务流程结合起来，你就能在领导营销工作的过程中找到游刃有余的感觉。《深度营销》会告诉你怎么做！巴塔和巴韦斯进行了重要的初步研究，搭建了令人惊叹的、将推动你用全新方式开展营销工作和满足客户需求的解释框架！这一源自系统研究的解释框架是帮助你成为一名卓越营销领导者的行动指南！谢谢巴塔和巴韦斯把你们的成功秘诀与我们分享！

——马歇尔·戈德史密斯（Marshall Goldsmith）
全球50大管理思想家（Thinkers50）最佳领导力奖得主

深度营销

这是一本必读书，所有立志在营销领域有所作为的今天的、未来的首席营销官都应该看。

——赛斯·高汀（Seth Godin）
《营销人都是大骗子》（*All Marketers Are Liars*）作者

这是一本思想深邃的著作。它重新校准了营销的职能，展示了不仅能够大幅提升企业绩效，同时还能大力推动营销管理者职业发展的营销领导方法。这本书尽管出自严肃的科学研究，但是却写得异常有趣。

——马丁·索雷尔爵士（Sir Martin Sorrell）
英国达邦集团（WPP）创始人兼首席执行官

我一直认为，营销领导者必须具备一系列独特技能才能实现有效领导，发挥巨大作用。我非常欣喜地看到，营销领导界的大拿巴塔和巴韦斯清晰地展示了如何培养这些技能的方法。这是一本研究扎实、论证充分、建议实用的极有价值的著作。我恨不得能早几年读到它！

——阿曼达·麦肯齐（Amanda Mackenzie）
英国英杰华集团（Aviva）前全球首席营销官

推荐语

这是一本得自科学研究,同时却又非常务实的著作。针对公司利益和客户利益这对最难克服的矛盾,这本书给出了可以立即付诸实施的一系列建议。我建议你好好看看这本书,让你的工作进入"价值区"!

——克里斯·厄恩斯特(Chris Ernst)博士
《跨边界领导力》(*Boundary Spanning Leadership*)作者
比尔和梅琳达·盖茨基金会(Bill & Melinda Gates Foundation)
学习、领导与组织发展部全球主管

巴塔和巴韦斯在洞悉营销本质方面有一手绝活儿。对于一个极其重要,却很少谈到的营销话题——如何通过在组织内部的努力来取得营销工作的成功,《深度营销》给出了非常宝贵的见解和建议。有了这本书的帮助,所有的营销管理者都能成为真正的营销领导者。

——凯文·莱恩·凯勒(Kevin Lane Keller)
达特茅斯大学塔克商学院市场营销学教授(E.B. 奥斯本市场营销学教授)

这是关于营销领导者如何从优秀到卓越,同时在组织内提升营销工作价值的一本真正有见地的指南。

——琼·卡洛斯蒂安(Joan Kaloustian)
三菱联合银行(MUFG Union Bank)前企业营销部常务董事

深度营销

这是一本所有营销管理者都必须读的书。如果你期待晋升，渴望施展自己的领导才华，梦想离开边缘地带，走入舞台中央，那么就按照书里的实用指引展开行动吧。你会发现，在最高领导层中，总有一个位子会是你的。

——理查德·海特纳（Richard Hytner）
《军师——阴影中的领袖》（*Consiglieri: Leading from the Shadows*）作者
测试版狒狒（beta baboon）创始人
盛世长城国际（Saatchi & Saatchi Worldwide）前副总裁

这本书认为"一把钥匙开一把锁"，它有力地证明了领导实践最好能与特定的职能领域（比如营销）相契合。通过紧密结合相关研究和他们在这一领域的个人经验，两位作者也深入且令人信服地证明，领导营销工作与熟练地做营销是截然不同的两个概念。

——杰克·曾格（Jack Zenger）
美国曾格福克曼公司（Zenger Folkman）首席执行官
《超凡领导者》（*The Extraordinary Leader*）作者

这是营销领导力方面首部以实证研究为基础的工具书。对于任何真正想领导营销，而不是做营销的人来说，这都是一本不能错过的书。

——伯纳德·贾沃斯基（Bernard Jaworski）
美国克莱蒙特研究生大学德鲁克管理学院（Drucker School of Management）彼得·德鲁克管理和人文科学讲席教授

推荐语

卓越的市场领导力是推动业务增长的重要组成部分。对于如何成为优秀的营销领导者这一问题,这本书有非常深刻的理解。书中包含了许多非常重要且实用的建议,任何人看了都会更加重视自身未来的职业发展。

——彼得·马基(Peter Markey)

英国邮局(Post Office)前首席营销官

当今世界需要一本能够将领导力与营销技能相结合的书。这一本也许就是营销领导者们的圣经。

——希瑞林·夏克尔(Sherilyn Shackell)

市场营销学院(The Marketing Academy)创始人兼首席执行官

再版序言

亲爱的中国读者朋友：

欢迎阅读中文新版的《深度营销：成就营销领导力的12大原则》一书，希望书中的观点能对你的事业有所帮助。

本书在中国首次出版时，我们并不知道它是否适合中国的营销人员，但大家的反响超过了我们最乐观的预判。书籍出版后的数月之内，销量便达到了数千册。显然，我们戳中了大家内心的痛处。

所有营销人员都需要强化领导力，在中国也不例外。今天，中国的市场营销热度空前，而随之而来的挑战也更加艰巨。以电子商务为例，在中国，近50%的零售销售都是通过线上渠道进行的，这一比例高出其他国家很多（例如，德国约为15%）。对营销人员而言，这是一个极好的机会，毕竟，像微信、淘宝和京东这样的平台都可以（基于大数据）进行具有高度针对性的宣传

再版序言

活动,提供详细的衡量标准,得到快速的反馈。没有比中国更适合做 A/B 对比试验的地方了,通过尝试不同的宣传活动,确定最佳方案。

与此同时,阿里巴巴、中国移动、平安保险等行业巨头都在倾力打造自身品牌,无论是数字媒体,还是诸如电视、电影和报纸等传统媒体都在为这一目标添砖加瓦,而且这样的需求在未来很长一段时间内都将保持强劲的势头。总而言之,中国是营销人员大展才华的舞台——不仅因为它地大物博,更因为它活力无限!

面对当前市场形势,你可以后退一步——很有可能,你不需要掌握每一种数字营销工具、每一个系统,因为你的成功更多的是需要确定优先事项,选择重要的工作,并在公司内部找到盟友。下面就让我们为你展示《深度营销:成就营销领导力的12大原则》一书,它将使你成为一名有影响力的、成功的营销领导者。

托马斯
帕特里克

9

CONTENTS 目录

推荐语 1
再版序言 8
引言 001

01 CHAPTER 发动你的上司

第 1 大原则——只处理"大问题" 020
核心问题 我是否在"价值区"内工作？

1.1 只处理"大问题"的重要性 023
1.2 哪些是"大问题"？ 025

第 2 大原则——无论如何，提供回报 048
核心问题 我代表成本还是收入？

2.1 营收阵营 052
2.2 像投资者一样行事 062

第 3 大原则——只跟最优秀的人合作 068
核心问题 最优秀的人在哪里？我能和他们一起工作吗？

3.1 寻找成功 072
3.2 去参加大型会议——不要只待在你的后院里 073
3.3 经常与潜在合作伙伴交谈 073

02 发动你的同事

第 4 大原则——分享激励人心的愿景 076
核心问题 我如何让同事心悦诚服？

4.1 心灵、头脑与方法 081
4.2 尽可能使用客户的语言 083

第 5 大原则——走出你的办公室 085
核心问题 我如何才能把大家发动起来？

5.1 始终如一地反复分享你的客户故事 089
5.2 聆听、决策与沟通 091
5.3 跨部门合作 094
5.4 说出"房间里的大象" 094
5.5 租一台"推土机" 095
5.6 巧妙应对"我们也应该" 096
5.7 不吝赞美 097

第 6 大原则——以身作则 099
核心问题 我怎样用身体力行的方式拓展"价值区"？

6.1 发起一项行动 101
6.2 尽快进行小规模测试 103
6.3 深入第一线 104
6.4 使用客户语言和商业语言（而非营销语言） 105

03 发动你的团队
CHAPTER

第 7 大原则——合理配置人员 108
(核心问题) 我要如何合理配置人员来拓展"价值区"?

    7.1 设计正确的技能组合 112

    7.2 为你的团队指明方向 126

第 8 大原则——建立信任与自信 133
(核心问题) 如何让团队成员请求我原谅,而不是请求我准许?

    8.1 建设一个充满信任的团队 138

    8.2 如何帮助团队成员建立自信 144

第 9 大原则——诉诸结果 154
(核心问题) 我如何做到公正裁判?

    9.1 事实的力量 158

    9.2 培育崇尚绩效的文化 161

    9.3 追究责任 164

04 发动你自己
CHAPTER

第 10 大原则——爱上你的工作 174
核心问题 我如何用专业知识激励他人？

10.1 强大的力量来源——知识 176
10.2 成为了解客户的人 180
10.3 成为了解行业的人 189
10.4 成为了解产品的人 192

第 11 大原则——了解你的激励方式 197
核心问题 作为营销领导者，我该如何激励他人？

11.1 "认识你自己" 197
11.2 步骤 1：确认有什么事情能让你精神振奋 201
11.3 步骤 2：今天就搞清楚你激励他人的方式 207
11.4 步骤 3：展现"有效真实" 208

第 12 大原则——设定更高的目标 214
核心问题 你的营销领导愿景是什么？

12.1 时代广场上的公司标志 215
12.2 你需要"搞"个愿景吗？ 216

后记：不要试图全线出击 223
致谢 226

引　言

营销的本质：
做营销和领导营销不是一回事

⊙ 你是一位营销管理者

你对品牌充满激情。你了解市场。你是公司实现"以客户为中心"的关键推动者。

多年来，首席执行官们都希望企业能够更加以市场为导向，同时更具创新性。今天，数字技术为企业更好地服务客户带来了更大的机遇，同时也带来了更大的压力。

按理说，你在公司的位置应该变得更加重要，你作为营销管理者所说的话也应该更有分量。在讨论关键决策的时候，公司的高层管理者们应该尊敬你，看重你。

然而不幸的是，现实有时并非如此。

很多公司总是强调要以客户为中心，可他们的核心管理团队中却没有一位营销管理者。而且，首席营销官极少能升任首席执行官，而首席执行官对营销管理者的看法也颇为复杂（我们接下来会谈到)。

很多营销管理者非常善于做营销。他们在客户理解、品牌传播和社交媒体造势等方面具备很强的能力。

可是，很多营销管理者还是觉得自己在公司的角色有一点边缘化。他们辛辛苦苦工作，帮助公司成长，可他们的付出却并非总能转化为他们在公司内部的影响力和他们的职业成就。

我们的研究证明了这一点。

71%的营销管理者认为他们对公司业务的影响非常大，但只有44%的营销管理者对他们的职位感到满意。上司对他们更不看好——在上司的所有直接下属中，营销管理者获得升迁的可能性最小。

营销管理者的升迁无门是一个"大问题"，这不仅是你的问题，也是公司的问题。如果你没能让公司做到以客户为导向，那么公司的长远利益也会受损。如果你选择跳槽，那么你多年来对客户的理解、你的新产品创意和增长战略也将随你而去。

所以，首席执行官和营销管理者有责任共同获取成功。但是，这一点要如何来实现呢？

这要靠作为营销管理者的你自己来实现。一直以来，你很可能总是把大部分"鸡蛋"放进同一只叫作营销技能的"篮子"。也就是说，你了解如何定位品牌，如何推出客户喜欢的促销活动等工作。

你是这方面的行家，你凭借营销技能获得了今天的位置，我们为此向你表示敬意。但是，正如我们将要向你说明的那样，在这个数字时代，营销技能尚不足以让你在业务影响力和职业成就上取得更大的成功。

你不仅要成为做营销的专家，你还要成为领导营销的专家。领导营销是非常不同的另一只"篮子"，这里面都有什么东西呢？

领导营销不仅仅是为客户服务，还包括提升你在公司内部的影响力，强化营销工作的重要性，以此从整体上提升用户的体验。它需要你发动你的上司、你的同事、你的团队和你自己，以便尽可能地扩大客户需求和公司需求的交集。这本书就是要教你做这些事。

所以，这不仅仅是一本讲市场营销的书，更是一本帮助营销管理者提升领导力的书。

当然，你可以选择继续充当一名技术型的营销管理者。感谢数字时代，因为总有新奇的东西出现，所以你应该不会感到无聊。但是，你的工作对公司的经营很难产生实质性的影响。有一天，你甚至可能会因为职业发展受限而失意落寞。

那么，这本书就为你提供了另一个更有前途的选择。运用你的领导才能（同时借助数字时代的新机遇）去实现只有极少数公司才能做到的事——真正把客户需求和公司需求结合在一起。几乎可以肯定地说，这么做对你和公司都有好处。

⊙ 三项事实

这本书的结论出自一项针对首席营销官①的综合研究。该综合研究由三个部分组成。

在研究的第一个部分（即我们的核心研究），问卷结果来自高级营销管理者自身。1232 名高级营销管理者接受了充分细致的自我评估。据此，我们可以了解他们的个性特征、工作表现，他们如何评价自身对公司业绩的影响，以及他们如何评价自身的职业成就。

在研究的第二个部分，我们通过他人的眼光来观察这些首席营销官。我们分析了来自他们的上司、同事和直接下属的 67287 份 360 度评估结果。

在研究的第三个部分，我们就如何成为一名成功的高级营销领导者，访谈了一百多位首席营销官、首席执行官和领导力专家。

我们的发现彻底颠覆了我们对营销管理者如何获取成功的固有看法。

我们的研究也给我们带来了希望，即作为一名营销管理者，你可以通过系统性地运用营销技能之外的领导技能来获取成功。

现在，我们来看研究结果。我们先介绍三点发现，我们称之

---

① 由于不同公司的高级营销职位名称不同，我们在这本书里交替使用"首席营销官、高级营销管理者和营销领导者"来称呼营销工作的负责人。

为"三项事实"。

事实1：你的成功体现在客户需求和公司需求的交集区域（"价值区"）

我们的研究证明：营销管理者的成功只在于尽可能地扩大客户需求和公司需求的交集。我们把这个交集区域称作"价值创造区"，或者简称"价值区"。然而，拓展"价值区"却并不是营销管理者所擅长的工作。

图1.1 "价值区"

为了了解哪些事项位于"价值区"，我们先来看哪些事项不在"价值区"内。

假设，你花费大部分时间获取新用户。营销人员就应该从竞争对手那里吸引客户，或者吸引刚进入市场的新用户，是不是？对你来说，获取新用户就是你的工作主线。

然而，公司的首席执行官却并不这么看。在公司的核心领导者看来，获取新用户（至少以你目前获取新用户的方式来说）的代价太过高昂，因为大量的新用户要不了几个月就会流失，投入的资金根本收不回来。

公司的核心领导者不会过多考虑如何获取新用户，他们优先考虑的是如何留住老用户。在他们看来，如果老用户能获得更好的体验，留存更久，花更多的钱购买公司的产品或服务，并将它们推荐给其他人，那么公司就能获得更大的收益。

这一关注重点的错位会引来很大的麻烦。你的工作会偏离"价值区"，因为你（和一些客户）最关心的事情并不是首席执行官最关心的事情。在这个例子里，公司、客户和你的职业发展都会受损。

那么，什么叫作在"价值区"内工作？

在"价值区"内工作时，营销管理者不仅能为客户创造价值（提供满足客户需求的产品和服务），而且能为公司创造价值（获得营业收入和利润）。除此之外，他们还能为自己创造价值（在公司内部发挥更大的影响力，获得更好的职业发展）。

想象你是一家消费品公司的营销领导者。你通过研究发现，巴西的客户想要一种比你们当前的产品更耐用的牙刷。如果你很想开发这种新产品，而你的首席执行官也想在巴西增加市场份额，那么，"价值区"就出现了。你要的东西既是客户要的东西，也是你的首席执行官要的东西。这时，你就是在"价值区"里工作。

寻找客户需求和公司需求的交集是你获取成功的起点。

作为一名营销领导者，你会自然而然地关注客户。但是，对大多数组织而言，良好的用户体验只能来自不同部门的通力协作。也就是说，要想获得成功，你就不能只关注客户。要想满足客户的需求，你还得知道如何满足组织的需求。

我们的研究表明，最成功的营销管理者正是那些尽力扩大客户需求和公司需求交集（"价值区"）的人。

事实 2：成功的市场营销只在于掌握"营销领导力的 12 大原则"

在我们的研究中，我们发现了决定营销领导者成败的 12 项重要的领导行为。我们把这些领导行为称作"12 大原则"。

对我们研究中的营销管理者来说，他们的领导方式是他们发挥业务影响力和获取职业成就的头号驱动力。当然，技术性的营销技能也很重要。要想成为一名成功的营销管理者，你还是得做营销。不过，对于长期的成功来讲，这些技能只是敲门砖。

要想真正创造长期价值，扩大客户需求与公司需求的交集，你就必须掌握各项营销领导技能，它们至关重要。

12 大原则分为 4 个类别，分别是：发动你的上司，发动你的同事，发动你的团队，发动你自己。它们扩展和补充了你每天都在做的事——发动客户！

我们计算了 12 大原则中的每一项对高级营销管理者业务影响力和职业成就的贡献度。

例如，对我们研究中的营销管理者来说，第 1 大原则（只处理"大问题"）对他们的业务影响力和职业成就的贡献度均为 10%。

我们来进一步讨论这个问题。

表 1.1 营销领导者的 12 大原则

（12 大原则中的每一项对业务影响力和职业成就的贡献度）

发动你的上司	
第 1 大原则——只处理"大问题" （业务影响力：10% 职业成就：10%）	确保你的工作位于"价值区"内。这一点对客户和首席执行官都很重要。讲明你的工作能创造多少价值，让他人明白这些工作为什么重要。
第 2 大原则——无论如何，提供回报 （业务影响力：12% 职业成就：3%）	获取财务收益应当是你的优先事项。投资回报高，你才更有可能保住现在的位置，并且获得更多的资源。
第 3 大原则——只跟最优秀的人合作 （业务影响力：1% 职业成就：2%）	跟做事漂亮的能人打交道，这么做将有助于你发动上司。
发动你的同事	
第 4 大原则——分享激励人心的愿景 （业务影响力：3% 职业成就：7%）	如果同事听不进你的话，你就无法发动他们。讲述真实的愿景故事，让美好的愿景走进他们的头脑和心灵。
第 5 大原则——走出你的办公室 （业务影响力：13% 职业成就：13%）	作为一名营销管理者，你老待在自己的办公室里是干不出一番事业的。你必须走出去，发动大伙儿来推进工作。
第 6 大原则——以身作则 （业务影响力：6% 职业成就：12%）	你想实现什么，自己先做到。让自己成为他人效法的榜样。

引言

（续表）

发动你的团队	
第 7 大原则——合理配置人员 （业务影响力：20%　职业成就：7%）	你需要实现目标所需的各类团队技能（包括你的技能）、做事风格和个性特征。要想建立一支铁打的团队，你就要让大家心往一处想，劲往一处使。
第 8 大原则——建立信任与自信 （业务影响力：4%　职业成就：3%）	要想拓展"价值区"，你就必须建立信任、包容的工作氛围，而不是做任何事都要请示汇报。
第 9 大原则——诉诸结果 （业务影响力：6%　职业成就：9%）	不管你喜欢还是不喜欢，作为团队的领导者，你必须充当裁判的角色。你必须设定标准，考核绩效，并且在必要的时候确保达成目标。
发动你自己	
第 10 大原则——爱上你的工作 （业务影响力：18%　职业成就：9%）	作为负责市场营销工作的管理者，你必须精通业务（客户、产品和行业）。你的这些知识也可以对你自己和他人起到激励作用。
第 11 大原则——了解你的激励方式 （业务影响力：2%　职业成就：12%）	激励是营销工作负责人手中的大杀器。你越了解激励的意义以及你自己的激励方式，你就越能运用这项技能来发动他人。
第 12 大原则——设定更高的目标 （业务影响力：5%　职业成就：13%）	虽然前路时有坎坷，但成功的营销领导者总是设定较高的目标，一心成就一番事业，哪怕困难重重。

要想成为一名成功的营销领导者,你就要掌握用以扩大客户需求和公司需求之交集("价值区")的领导技能。

市场营销学院(The Marketing Academy)创始人兼首席执行官希瑞林·夏克尔(Sherilyn Shackell)这样总结道:"首席营销官面临的挑战是,他们现在需要有人来做他们自己都没有做过的工作,在 5 年或 10 年前,这些工作甚至还没有出现。顶级的营销管理者必须具备一流的领导能力,这样才能让企业跟上时代的脚步。"

你所需要的领导技能是非常具体的,它们就是营销领导力的12 大原则。

事实 3:营销领导者不是天生的,你必须学而知之

我们惊讶地发现,个性因素对营销领导者的成功几乎没有影响。人们可以通过学习来掌握关键的营销领导行为。这一点尽管有悖直觉,细究却十分合理。营销领导者与其他部门领导者所需的领导技能非常不同。这是因为营销管理者所面临的局面十分复杂,他们必须弥补三个非常明显的缺陷:

信任缺陷: 由于你的大部分工作都与未来相关(比如预计有多少营业收入),所以你的上司和同事难免会(在一定程度上)怀疑你所说的话。

权力缺陷: 极致的用户体验需要很多部门密切配合才能实现,可他们当中的大多数人却并非你的直接下属。

引言

技能缺陷：由于营销技术的发展日新月异，你的知识将一直处在欠缺状态。这种技能缺陷并不是你的错，但它的确是所有营销管理者都要面对的重大挑战。

作为一名营销领导者，你必须掌握弥补这些缺陷所必需的独特领导技能：

第一，即使你无法保证最终能获得什么样的结果，你也必须发动上司支持你的行动（原则1—3）。

第二，你必须发动除直接下属以外的同事来共同创造极致的用户体验（原则4—6）。

第三，你必须发动你的团队与你一起战斗，即使他们仍在学习数字时代所需的各种新的技术性的营销技能（原则7—9）。

第四，你必须发动你自己，永不松懈，同时激励身边的其他人，以此来拓展客户需求和公司需求的交集区域（原则10—12）。

营销领导者的这些技能和领导行为，包括由此而形成的业务影响力和职业成就，与他们的个性并没有太大的关系。

在我们的研究中，我们衡量了首席营销官们的"大五"人格特质（Big Five），即认知开放性、责任心、外向性、亲和力（是否友好，善解人意）和情绪稳定性。好消息是，"大五"人格特质对高级营销管理者业务影响力的贡献度只有3.3%，对职业成就的贡献度为8.7%。

所以，你的个性特征还是能够起一点作用的。而且，作为一名营销管理者，你的个性很可能与其他部门的同事有所不同，我

011

们稍后会讨论这一点。

但是，领导营销工作需要非常特殊的技能，你不可能生来就具备。对于营销人员的成功来说，个性并不是重要的影响因素。

所以，不要找借口：你可以通过学习相应的技能来成为一名成功的营销领导者。

⊙ 你（和你的公司）的成功为什么对我们很重要

我们想通过这本书实现两个目的。一是，我们希望作为营销领导者的你能够实现更好的职业发展；二是，我们也希望你的客户和公司都能获益。

毕竟，如果你成功地拓展了客户需求和公司需求之间的交集区域，客户的钱就会花得更加合算，公司的业绩也会增长，而你的前程也会一片锦绣。

为了实现这些目的，你必须改弦更张，掌握主动权。我们确实想帮你实现这一点。

接下来，我们想谈谈为什么这项工作对我们很重要。

托马斯从小就对营销和广告非常着迷。比如，一家人围坐在一起看电视的时候，托马斯总是对广告片更感兴趣——他能背出很多广告词。后来，他顺理成章地走进了营销的行当，成为金佰利公司（Kimberly-Clark）设在欧洲的舒洁纸巾家庭营销团队的领导者。在那里，他亲身体会了在一家面对激烈竞争的庞大消费品公司领导营销工作的乐趣与辛酸。

引言

托马斯从自身的营销领导经验中发现，营销管理者需要在最高管理层中发出更加响亮的声音。于是，他加入了麦肯锡，并成为这家公司的合伙人。他的工作通常是与全球各地的首席执行官们一起制订战略。

托马斯意识到，尽管首席执行官都非常重视营销工作，但他们当中的很多人既不了解营销人员实际做了什么工作，也不知道这些工作对公司的意义。他还发现，很多营销领导者与他们的首席执行官之间存在隔阂。

作为麦肯锡公司内部领导力课程的负责人，托马斯花费了越来越多的时间来帮助首席营销官们获取更大的职业成就。

他对这件事的热情使他最终成为营销领导力方面的专家，并促使他启动了这本书背后的研究计划。

在帕特里克的职业生涯里，他一直在帮助企业认识"以客户为中心"的重要意义，特别是如何在实际经营中做到这一点。早年供职于美国国际商用机器公司（IBM）后，帕特里克于1976年加入伦敦商学院。从那时起，他就在管理、市场和媒体领域发表了大量的作品，其中就包括2004年出版的他与肖恩·米汉（Seán Meehan）合著的畅销图书《只需更好：如何赢得并留住顾客》(*Simply Better: Winning and Keeping Customers by Delivering What Matters Most*)。他还在英国消费者组织"选择"（Which?）担任过多年的受托人，后来又担任总裁一职。除此之外，他还在在线市场研究领域参与创建了两家非常成功的公司。起初，帕特里克只是这一图书项目的导师，因为他对这个项目非常感兴趣，

013

所以想要作为合著人加入进来。托马斯自然非常乐意接受这一请求。

所以，对我们两个人来说，这都是我们一心想要做的事情！如果我们能帮你和其他营销管理者提升领导技能，使你们在公司里发挥更大的影响力，那么，你、你的客户，还有你的公司都将从中受益。我们一想到这一点就非常兴奋。

⊙ 让这一幕成为现实

> "由于经营的目的是创造客户，所以企业有且只有两个基本功能——营销和创新。"
>
> ——彼得·德鲁克（1954年）

所有的首席执行官都知道，公司长盛不衰的关键在于获利的同时比竞争对手更好地满足客户的需求。这话说起来容易，事实证明很难做到。营销管理者应该成为企业实现"以客户为中心"的关键推动者——特别是在数字时代，很多首席执行官都指望营销管理者来扮演好这一角色。

对营销管理者来说，现在是改弦更张、掌控全局的大好时机。我们跟世界顶尖的领导力教练马歇尔·戈德史密斯（Marshall Goldsmith）提到这一点时，他说："营销管理者必须把注意力集中在他们能改变什么上——他们能够改变的东西要比他们想象中的多。"

掌握12大原则将有助于你拓展"价值区"，为你的客户和公

引言

司创造价值，同时也能让你获得更好的职业发展。

不要坐等别人来要求你这样做，现在就是你扛起责任，领导营销工作的大好时机。

接下来，我们将分享那些成功的营销领导者的案例，同时给出我们的研究证据。最重要的是，我们还将告诉你掌握这 12 大原则的具体方法。

读完这本书后，你将了解全部的 12 大原则。我们希望，那时的你也能制订出自己的行动计划来获取长期的成功。

在你开始之前，请先完成下面的自我测评（提炼自我们的一份综合测评量表）。回答问题时，你的用时不应超过 5 分钟。测评结果会告诉你在这段旅程开始之前，你大概处于什么样的位置。

说得够多了，让我们出发吧。

营销领导者的12大原则——我现在的位置

下面的这些陈述是否与你的情况相符。请尽可能诚实作答。
在每条陈述旁记下你的分数：

5 — 完全相符
4 — 比较相符
3 — 看情况
2 — 比较不相符
1 — 完全不相符

___1. 我在团队中营造了浓厚的互信氛围。
___2. 其他人能看到我做的事情对实现我们的商业目标很有帮助。
___3. 我做的事情为公司带来了高额的回报。
___4. 我总是用我对未来的设想激励组织里的其他人。
___5. 我了解自己，以及我对他人的影响力。
___6. 我总是站在客户的角度考虑问题，并以此激励他人。
___7. 我的团队成员很看重"责任"二字。
___8. 我对自己的人生目标有清晰的认识。
___9. 我的优先事项与公司高层的完全一致。
___10. 为了解决业务中最关键的问题，我组建了一支技能互补、方向明确的团队。
___11. 谈到我的客户、产品和行业时，我是一个不折不扣的行家。
___12. 我总是和最优秀的外部人员合作。

12 大原则——你的结果

请在下面填入每条陈述的得分,并分别计算总分。

发动你自己

陈述 5_____

陈述 8_____

陈述 11_____

总分_____(满分 15 分)

发动你的上司

陈述 3_____

陈述 9_____

陈述 12_____

总分_____(满分 15 分)

发动你的团队

陈述 1_____

陈述 7_____

陈述 10_____

总分_____(满分 15 分)

发动你的同事

陈述 2_____

陈述 4_____

陈述 6_____

总分_____(满分 15 分)

如果你对自己的评价既不是太严格,也不是太宽松,那么就可以按照下面的解释来理解每一项总分的意义:

13—15 分: 你已经很好地掌握了这些营销领导原则。

9—12 分: 你已经部分地掌握了这些营销领导原则,但还没有发挥出它们的全部功效。

3—8 分: 目前,你还没有掌握这些营销领导原则。

你也可以在下面的网址参加完整版的在线测评:
www.marketingleader.org/ download

CHAPTER 01

发动你的上司

认可他人的力量并不会削弱你自己的力量。

——乔斯·惠登（Joss Whedon）

第 1 大原则
只处理"大问题"

(核心问题) 我是否在"价值区"内工作？

作为一名营销领导者，如果你想提升自己在公司的影响力，帮助公司成长，你就要确保自己只处理"大问题"。但是，什么事情可以称得上是"大问题"呢？

"大问题"是客户和公司的首席执行官都很看重的问题。"大问题"总是位于"价值区"内。在你处理"大问题"的时候，你作为营销领导者的影响力也在提升。

举一个例子，我们来看迪伊·杜塔（Dee Dutta）在职业生涯中遇到的一个"大问题"。

在过去几年里，迪伊曾担任索尼（Sony）、维萨（Visa）等国际著名企业的首席营销官。为这一切打下基础的是他在20世纪90年代初期的一段经历。那时，他所担任的只是一个负责客户营销工作的小得多的职位。

当时，迪伊在一二一通信公司（One2One Mobile，后来更名

CHAPTER 01 发动你的上司

为T-Mobile)工作。

那时,手机不是人人都用得起的,因为打电话很贵。而且,因为客户月底才能收到账单,所以公司担心客户会累积高额话费并造成拖欠。于是,公司努力避免为存在信用风险的客户提供服务,这一点也容易理解。

不过,迪伊的看法却与此不同。他来自移民家庭,了解经济拮据的生活。可是,当亲友问他"你能帮我弄一部手机吗?"的时候,他还是不得不婉言拒绝。

就在同一时间,公司召开了全体会议。会上,迪伊听到首席执行官讲市场正在逐渐饱和,公司需要新的利润增长点。

于是,迪伊热切地期待能够同时帮助客户和公司,他想拓展"价值区"。

他与团队成员一道提出了一个有人说起过,却从未获得普遍支持的想法,即为什么不让客户预存话费?预存话费可以降低信用风险,增加营收,同时还能让更多的人获得使用手机的机会。至少从理论上讲是这样。

迪伊的同事认为这么做不会有效果。财务团队担心盈利能力不足,运营团队担心预付话费存在技术障碍,而公司里的其他人则担心客户是否会为尚未拨出的电话付费。

可迪伊并没有放弃。他的团队逐一解决了问题,并拿出了商业计划书和技术解决方案。他们与高层管理者的第一次沟通效果很差。众人觉得这么做风险太大。于是,迪伊和他的团队决定开展小规模的测试。

测试结果超出了预期。客户很乐意预付话费。而且,很多所谓的低收入客户实际上比现有的合同客户花掉了更多的钱——这也将使公司获得更多的利润。

迪伊的团队再次与管理层进行沟通。这一次，他们不仅有想法、有计划，而且提供了佐证的数据。管理层最终同意实施这一项目。于是，这家公司在业内首次推出了成功商业化的"即付即用"服务。①

这个消息在电信领域迅速传播。今天，"即付即用"仍然是全球客户的第一选择。根据2012年的一项统计，预付话费合同份额高达77%，年销售额也多达7000亿美元。②

迪伊和他的同事们改变了自己的命运，同时也让公司和世界发生了巨大的转变。这一切都是因为，他们为客户和公司解决了一个"大问题"。

迪伊解决了一个足够重要的问题，一切都因此而改变。

你所在公司的生存和成功取决于在获利的同时，还要比竞争对手更好地满足客户的需求。而你是公司理解客户的关键。发动公司的核心领导者为客户提供更好的服务是你的职责。你首先要做到的是：处理"大问题"。

---

① 也有人把一家葡萄牙公司作为预付话费的开山鼻祖。这种由不同的人在同一时间做出伟大发现的事情已经不是第一次了。例如，牛顿和莱布尼兹几乎同时发明了微积分。
② 资料来源：A. T. Kearney, The Mobile Economy 2013.

1.1 只处理"大问题"的重要性

处理"大问题"不仅对迪伊很重要,它也是所有营销领导者获取成功的重要推动力。然而,真正在着手处理"大问题"的营销领导者却并不多见——这既是一个问题,也是一个机遇。

在我们的研究早期,我们与负责全球营销工作的首席营销官们谈论了他们的工作,我们问:"你们是做什么的?"对方的回答千奇百怪,非常有趣。有的人说:"我是做品牌管理的。"有的人说:"我是做市场营销的。"

类似这样的说法并不容易被公司的领导者所接受。正如营销学教授兼专栏作家马克·里特森(Mark Ritson)所说:"太多的营销管理者一走进满是公司高管的房间就大谈特谈如何建立品牌意识和品牌价值。没有人对这些东西感兴趣,只有你在津津乐道,你还以为别人都赞同你的话。优秀的营销管理者会研究如何把自己做的事情与组织里的其他利益相关者的需求结合起来,后者比如留住员工、增加利润和理顺管理结构。"

营销负责人对自己的角色有不同的理解,但是,我们对成功的首席营销官的访谈却呈现出一个共同点,那就是,他们都拥有最高管理层的视角。他们不谈市场营销,而是谈整个企业。他们不多谈广告、品牌或客户需求,而是谈营业收入、成本和利润以及如何为客户提供更好的服务。最优秀的营销领导者关心一件事,那就是如何通过营销工作帮助公司解决最突出的问题。

在我们的研究中,只处理"大问题"对经营业绩和营销管理者的职业成就的贡献度均为 10%。[1]其余的份额由另外的 11 大原则分摊。10% 是一个不小的数字。我们的研究首次证明，兼顾客户需求和公司需求（聚焦"价值区"）能够大大提升营销管理者的业务影响力和职业成就。

对营销管理者业务影响力和职业成就的贡献度

业务影响力	只处理"大问题"（10%）
职业成就	只处理"大问题"（10%）

不同领导行为对营销领导者业务影响力和职业成就的相对贡献大小可以表示为每一种领导行为的贡献度占据神经网络模型中所有领导行为的贡献度的百分比，样本数量：1232。

在我们的研究中，只处理"大问题"的行为包括：理解什么是正确的事情，所列优先事项与公司领导者的一致，思考全局，重点关注优先事项。

市场营销人员 DNA 研究，巴塔和巴韦斯，2016 年（The Marketer's DNA-study, Barta and Barwise, 2016）

在我们的核心研究中，高达 76% 的营销管理者告诉我们，他们善于发现公司里最重要的事项，并且能够与公司的领导者在这方面保持一致。

不幸的是，他们的上司并不认同这一点。在我们的 360 度大型数据库中，一些上司甚至怀疑营销管理者是否了解组织的发展

---

[1] 更准确地说，这里的 10% 指的是在所有 12 大原则中所占据的比例。

方向。只有46%的上司认为他们的营销管理者了解组织的发展方向，并且与核心管理团队的看法一致。

我们不是这一问题的唯一发现者。经济学人智库也发现，54%的公司领导者认为，他们公司的营销策略和经营策略并不一致。一家国际消费电子公司的首席执行官在接受访谈时总结道："我们董事会所担心的是如何在保证利润的基础上发展特许经营，我们的声誉如何，如何储备人才。而我们的营销团队所关心的却是广告和预算。这一点让我们非常头疼。"

在"价值区"内工作是成功的关键。你可能觉得你正在处理"大问题"，然而你的上司却未必这样看。

1.2 哪些是"大问题"？

想要弄清"价值区"里到底有哪些"大问题"并不是一件容易的事，如下例所示。

美国一家大型金融机构的营销团队与托马斯展开合作，以求扩大团队的影响力。

托马斯回忆道："第一天，我要求团队成员在挂图上回答一个简单的问题——你们的客户最关心哪些事情？房间里气氛非常活跃，每个人都飞快地写下了自己的想法。

"我的第二个问题让团队成员犯了难——从首席执行官的角度看，公司的三大优先事项是什么？你们的哪些营销工作与这三件事情一致？大多数参与者很难想起那些让他们的老板夜不能寐的事情。能写出一条一致事项的团队成员尚不到一半。

"我的第三个问题几乎使研讨会进行不下去——营销的三大优先事项对公司有多大的价值?大多数人都放下了手中的笔。他们说,他们的工作很难量化,甚至不可能量化。"

接着,团队花了一整天的时间来了解首席执行官的优先事项,并且将它们与客户的优先事项相匹配(找到"大问题"),最后再为得出的营销优先事项设定优先级。

后来,他们对"大问题"的关注显著地提升了团队在公司内部的影响力(同时也让首席营销官坐稳了他的位置)。

很多营销管理者努力工作,结果却很难得到老板的肯定。这是什么原因?这是因为,他们没有处理"大问题"。换言之,他们在"价值区"外工作。我们可能遇到过这样的情况:预算削减,升职缓慢,开会都排在最后一位,等等。

如果你做的事情跟客户没有关系,你就不会获得市场的响应。如果你做的事情跟首席执行官没有关系,公司里就不会有人在乎你的看法,尽管你可能"忙得要死"。

作为营销领导者,你的优先事项要与客户和公司的优先事项("价值区"的核心)相一致,如此才能事半功倍。

你的首要任务是找到你能够施加影响的"大问题",它们应当与客户的重要需求和首席执行官眼中公司的重要需求密切相关。

印度最优秀的营销管理者之一、思科印度和南亚区域合作联盟(India & SAARC of Cisco Systems)首席营销官南达·基肖尔·巴达米(Nand Kishore Badami)告诉我们:"为了满足客户的需求,我和我的团队努力工作。但是,我们也知道我们的总裁和首席执行官心里放不下哪三件事情。客户有需求,公司也有需求。营销管理者必须理解这些需求,并尽力通盘考虑。"

所以,你需要找到客户的迫切需求和公司的迫切需求之间的结合点。只有把两种需求结合起来,你才能发现营销方面的"大问题"。而且,为了让其他人了解这一问题的重要性,你还必须给它挂上价格标签,以此来表明它的价值(增加多少营收,节约多少成本,提升多少利润,等等)。营销的"大问题"总是少不了要有一个价格标签。

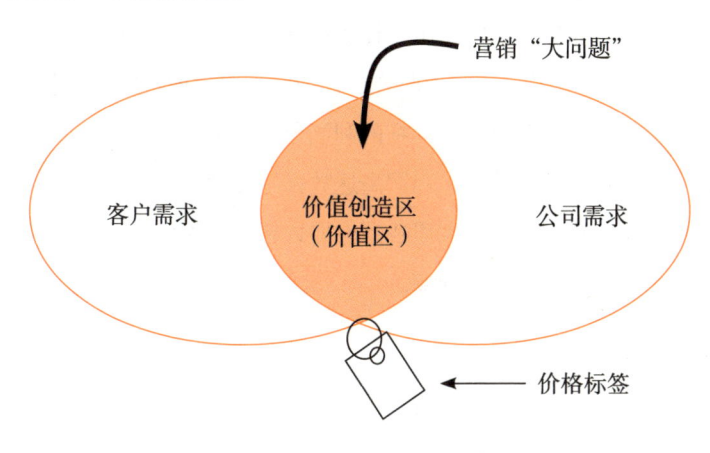

图 1.1 营销"大问题"

福特汽车德国分部前首席执行官伯恩哈德·马特斯(Bernhard Mattes)知道这么做有多么重要。伯恩哈德曾经担任该公司的营销经理。在负责公司的营销工作时,他很快就发现了一个"大问题"——福特汽车如何定价。

公司为这些汽车设计了多种多样的功能,却不管客户是否需要它们。此外，公司还为各种车型设定了相同的价格。例如，当时福特蒙迪欧的掀背版和豪华版售价相同。

尽管在他之前，公司所有的营销管理者都把工作重点放在了营销活动上，但是，伯恩哈德所解决的是一个更大的问题——以价值为基础定价。他说服董事会根据客户对各种功能的看重程度来为汽车设定价格。这么做降低了基本款汽车的售价，同时提高了增配款汽车的售价（和利润）。这样一来，不仅客户和公司双双获益，伯恩哈德的职业生涯也大获成功。

一二一通信公司的迪伊·杜塔也是通过价格标签的运用解决了一个"大问题"。为了说服公司管理层推出"即付即用"服务，他和他的财务团队进行了详细的利润分析。他们发现，这项服务每年可为公司带来的潜在利润高达数百万美元。

现在，我们来看看如何找到你要处理的"大问题"——客户和首席执行官都关心的问题。

⊙ 寻找关键的客户需求

如果你知道未来的增长点在哪里，你的首席执行官就会认真听你讲话。伦敦交通局（Transport for London）前市场营销总监克里斯托弗·麦克劳德（Christopher Macleod）说："营销管理者需要在公司经营战略的制订中发挥更大的作用，他们要有能力指明市场的走向，比如明确说出未来的增长点。"

作为一名营销领导者，你很可能已经了解了客户最关心什么问题，有哪些需求和愿望。把它们一一列出来，最后筛选出最重

CHAPTER 01 发动你的上司

要的 3 条。

注意，清单中要使用客户的语言。不要写"良好的用户体验"这样的话——没有客户会这样说话。你要使用客户真正会说出口的话，比如，"早日送货""我在火车上也能购买""黑色 T 恤洗的时候不掉色"。

制作完清单后，如果你仍然不确定客户的关键需求是什么，那么可以通过下面的方法找到它们（如果你已经清楚，就跳过这个部分）。

找到"只需做得更好"的客户需求

大多数长盛不衰的品牌和企业所凭借的都是小而持续的改进。它们的做法很简单：在获利的基础上，它们只是在满足客户需求这件事上比竞争对手"做得更好"。

那么首先你就可以考虑，有什么事情会让客户感到失望——它们也是客户投诉和不满的主要原因。解决了这些问题，你在客户心目中的地位就会得到提升。

渐进式改善的另一条路径是找到客户的潜在需求。想一想，有什么办法能让你和你的竞争对手都做得更好？这么做将有助于你推出客户很看重，但他们得不到也不会有意见的产品或服务。

你能找到某种方式来率先提供能够满足这些潜在需求的产品或服务吗？最终，你的努力有可能会提升整个行业的水准。

不断做出小而持续的改进的样板企业之一是高露洁。近一个世纪以来，这家牙膏品牌一直在行业内居于领先地位。首先，牙膏是一种人们不会特别在意的日用品。其次，业内还有宝洁和联合利华这样的强劲对手。在这种情况下，高露洁还能取得这样的成绩已经相当不错。高露洁不断将整个市场推向前进。含氟牙膏、蓝色薄荷味牙膏和全效牙膏等微小创新仅仅是其中的一部分例子。很少会有客户把这些产品视作突破性的创新（尽管在业内人士眼里，它们的创新意味更浓）。但是，它们为客户带来了好处，同时也让他们几十年如一日地反复购买这一品牌。

想想你所知道的那些最成功的企业（极个别企业除外），它们长盛不衰的真正原因很可能就是持之以恒地渐进式创新。即便对于那些当初起家于突破性的创新的企业来说，这一点也仍然适用。[1]

反面的例子也有很多。有的企业没有专注于"只需更好"地满足客户需求，而是表现得过于激进。比如高端运动时尚品牌弗雷德·佩里（Fred Perry）。当约翰·弗林（John Flynn）于1993年接任首席执行官一职时，公司的经营十分混乱。在疯狂成长的诱惑下，为了赢得更多的细分市场，这家公司的产品线高低端混杂，乱作一团。由于看不清公司的品牌定位，客户逐渐流失。今天，得益于一系列改进和对细节的关注，这家品牌才再次焕发了生机。最重要的是，弗雷德·佩里重新获得了其最忠实的高端客户的青睐。

---

[1] 我们知道，这一观点是有争议的，一些读者可能会对此持怀疑态度。如想了解这一观点的凭据，请看巴韦斯与米汉合写的 *Simply Better* 一书的第 21—23 页，特别是他们的第二本书 *Beyond the Familiar* 一书的第 15—17 页和第 93—118 页。

CHAPTER 01 发动你的上司

没有人不喜欢突破性的创新。一旦成功，它们就会大受欢迎，带来巨额收益。只是，这样的成功极难实现。"渐进式"（还有"跟随者"一词）几乎是一种负评价——但事实上，对于大多数公司来说，产品和服务的持续渐进式改进才是长期利润增长的关键。

即使对于以颠覆性创新而闻名的苹果公司来说，"使我们击败竞争对手，获得市场份额的，正是这种持之以恒的改进"。史蒂夫·乔布斯（Steve Jobs）在去世前几个月的投资者会议上说道。还有，在2012年，设计了iMac、iPhone和iPad等标志性产品的苹果首席设计师乔纳森·艾夫（Jonathan Ive）说："我们的目标很简单，就是设计和制造更好的产品。如果我们做不出更好的产品，我们就不做。"

常年坚持"只需更好"的竞争策略是找到客户需求的有效方法。为什么？因为这么做会逼迫你站在客户的角度找出最重要的事项，而这些事项往往与公司所设想的不一样，但往往会更加实际。

寻找"大爆炸"式的客户需求

寻找客户需求的另一种方式是制造全新的客户需求。

在一些著名的营销领导者看来，苹果著名的"非同凡想"（Think Different）广告语仍然熠熠生辉。

最激动人心、也最具吸引力的客户创新是将整个市场引向全新方向的"大爆炸"式创新。有时候，这些大爆炸式的想法来自客户的需求。也有时候，客户根本想不到自己有这样的需求。

  史蒂夫·乔布斯曾经说，如果当初他询问客户想要什么，苹果音乐播放器（iPod）就不会诞生。再往前一代人，索尼随身听也是类似的情形。据说，索尼随身听最初是为了让公司的联合总裁可以在长途航班上听歌剧而开发的。如果本·科恩（Ben Cohen）没有尝试用异常强烈的味道和质感特别的配料来取悦朋友杰瑞·格林菲尔德（Jerry Greenfield）的味蕾，那么本杰瑞牌（Ben & Jerry's）冰激凌就不会诞生。其他著名企业家，比如联邦快递的弗雷德·史密斯（Fred Smith）、谷歌的拉里·佩奇（Larry Page）和雅虎的杨致远（Jerry Yang），他们都因为创造了新的产品类别而取得了巨大的成功。

  有时候，即使是成熟的公司也能创造出新的产品类别。例如，IBM 公司于 1964 年推出了兼容性极强的大型机和外围设备，宝洁公司也于 1999 年推出了全新的清洁工具。

  这个世界需要营销领导者提出突破性、颠覆性的设想和全新的方式来满足客户的基本需求，同时极大地超越目前的解决方案。

  你可以解决哪些客户需求？人们如何（或在哪里）进餐、睡觉和工作？

  如果你能找到有利可图的"大爆炸"式的设想，那就太棒了。如果你找不到，那也没有关系。因为，大多数的成功创新只是让自己的产品、服务和业务体系做得比竞争对手"更好"。

CHAPTER 01 发动你的上司

⊙ 找到首席执行官眼中公司的关键需求

了解公司的需求并不是一件容易的事,你需要做出一个重要的决定——是被动接受,还是主动提出。

你可以通过询问来了解公司领导者的优先事项,然后把它们作为你自己的优先事项(被动接受)。不过,你也许会认为,公司的领导者不了解客户的关键需求,所以你有责任把这些优先事项提上议事日程(主动提出)。以上两种做法都是合理的选择。

并不是所有的营销领导者都能(或者都应该)自始至终影响公司最高管理层的日程表。只要最高管理者的优先事项能够让客户的需求得到满足,也就是说,让这些优先事项处于"价值区"内,那么,你就可以把公司目前的优先事项当作你自己的优先事项。这就是你的判断。在任何情况下,你都应该主动去了解公司核心领导者们的想法。

与公司的高层领导者保持一致需要你付出努力。对于"大问题",人们的看法有可能非常不同。但是,你要去了解公司有哪些"大问题",这是你应该做出的一项重要投资。

也许你与首席执行官共进一次午餐,就可以让你明确了解公司最重要的事情。但是,这么做也可能不够。实际上,我们会建议你多找几位高层领导者来谈谈,看看他们最在乎什么事情。

如果你了解公司的情况,这些谈话就可以帮助你确认你所知道的事情。如果你刚进入公司不久,那么,与公司领导者短暂会面也是你介绍自己的有力途径。顺便说一句,你不必一定是首席营销官才能问:"公司最重要的事情是什么?"即使是营销入门

者,这么问也完全没有问题。以下是关于会面的一些提示:

带上开放的心态和见解。你不能只是说:"你好,我想了解公司最重要的事情是什么?"这么问可能会招来对方的轻视。你要有你自己的观点,并且把它作为一个初始的假设提出来。此外,你也要拿出请教问题的态度。

让会面显得重要。会面时,你要略微显现出一点急迫感——你是来讨论重要问题的,你很想助公司一臂之力。

总结公司的重要事项。会面结束时,扼要重述公司最重要的两三个事项,以此来得到对方的确认或纠正。

思考如何与这位领导者联手。一旦你了解了要解决哪些问题,你与对方的联手就变得至关重要。几乎可以肯定地说,你需要对方的支持。所以,你要思考如何彼此照应。

下面是一份会面概要的示例:

与首席财务官汉娜沟通

公司的优先事项

1. 在拉美市场继续保持领先地位。
2. 全面提升公司在美国市场的利润。
3. 吸引和留住人才,特别是在亚洲地区。

CHAPTER 01 发动你的上司

> **与对方配合的初步想法**
>
> 1. 强化拉美地区客户对公司产品的喜爱。打造一个快速成功的样板项目。
> 2. 去掉美国客户很少使用的成本高昂的产品功能。
> 3. 启动"行业最佳营销团队"人才计划（亚洲营销大学）。

客户经常问我们："与高层领导者交谈后，如果我得知了好几件前景很好的重要事项，那么我该如何从中选择呢？"这个问题没有确定的答案，不过你仍然可以参考下面这些原则：

双赢原则。尽可能追求客户和公司的双赢，选择能够实现客户和公司利益最大化的事项。为什么？因为处理这些事项将有助于你拓展"价值区"！

现实原则。选择通过现实的努力可以解决的事项。

热情原则。跟一些人说说你的想法，你很快就会发现，你的想法能否激发他们的热情。有没有热情可能会是成功和失败的分水岭。

可衡量原则。选择进展可以衡量的事项。

⊙ 给你的"大问题"设定一个价格标签（用有力的数据来证实它）

"我们只相信上帝。其他的都必须用数据说话。"对营销领导者来说，这句可能出自埃德·戴明（Ed Deming）之口的话无比真切。

为什么首席财务官那么重要？部分原因在于，他们手中掌握着关于公司重要事项的可信数据，比如成本、营收和利润，这些事项对首席执行官至关重要。

但是，客户不也同样重要吗？从长远来看，客户数据和财务数据对首席执行官一样重要。你有责任为你的"大问题"找到数据支持，并且把它们分享给公司的其他同事。

大多数营销数据并不能引起公司首席执行官的重视，例如"品牌知觉度"和"广告总收视率"。离开了正确的使用场合，这些术语就会变得无关紧要。

找到首席执行官所希望看到的重要指标，用这些指标来支持你的"大问题"，并就这一"大问题"建立定期报告机制。这一机制对于你在公司内部树立地位和发挥影响力十分关键，其重要性怎么强调都不过分。

试想下面的情况。你是一家保险公司的品牌经理，客户认为你们公司提供的购买建议不够好。你从调查中得知，你们公司的品牌口碑很差。但是，客户的实际体验大多来自他们与销售团队的互动，而销售团队做事的动机主要来自短期佣金。而且，销售团队并不是你的直接下属。这时，你该怎么做？

当然，你可以将你的想法和培训手册发送给销售团队，希望他们能够按说明操作。他们可能会这么做，但更有可能不这么做。

但是，如果你跟踪研究用户体验以及这些体验对品牌认知和后续销售的影响，然后建议销售团队将客户满意度加入绩效考核（这么做将推动长期的销售），那么结果会怎么样呢？也许，他们一开始不喜欢你的想法，甚至质疑你关于"大问题"的数据是否真实。但是，如果你的数据确实没有问题，那么你或许很快就会发现，你们的销售主管正在努力提升客户对销售团队的评价。没有人可以长时间地忽视扎实的数据，特别是当这些数据能够显示出客户评价对销售业绩有巨大影响的时候。

决定用户体验的最重要的人可能不是你的下属，但是作为一名营销领导者，如果你能始终如一地展示关于"大问题"的正确数据，那么这样的做法就要比任何汇报关系都管用。

在写这本书的过程中，我们和一些营销领导者谈到了数据在帮助解决"大问题"中的巨大作用。虽然他们都认为数据很重要（假如这些数据至少是有可能得到的），但一些人还是提到了重要的现实限制。他们问："如果紧急决策时来不及收集数据怎么办？""如果我们经费不足，做不了相应的研究来证明我们的观点怎么办？"还有，"如果我们的数据做得非常好，可我们的首席执行官就是喜欢凭感觉做事呢？"

对于这些问题，我们无法提供完美的回答，因为营销永远是可能性的艺术。但是，你也不能把它们作为拍大腿决策的借口。你要着手收集数据，验证一些想法，看看哪些方法可行。假以时日，你就能为解决公司的"大问题"找到扎根于事实的方法。下面是关于如何用数据来支持你的"大问题"的一些提示：

1. 为你的"大问题"标定一个具体的数字（价格标签）。 不论你选择什么问题，你都要估计你的"大问题"值多少钱，最好能用美元、欧元、日元或者你使用的任何货币单位来把它标示出来。例如，如果你的"大问题"是留住2%的客户，那么这一点可以值多少钱？如果你想在市场上吸引更多的中年客户，那么公司的年营业收入或盈利有可能增长多少？有些估计值或许很难计算。你要与你的财务团队或其他专业人士通力合作，至少也要获得一个大致的数字。

2. 在报告中，尽可能地把客户需求和公司需求联系起来。 例如，一家零售商的首席营销官展示了客户满意度（属于客户需求）对钱包份额（客户对该零售商的产品和服务的支出占据客户对同类产品和服务的总支出的百分比，属于公司需求）的影响。一家银行的营销负责人追踪研究了客户交易（属于公司需求），并将其与品牌偏好（属于客户需求）联系了起来。一家中型产业服务公司的销售和营销经理发现，客户推荐度（客户有多大的可能性会建议其他人购买某一产品或服务，属于客户需求）能够影响公司长期的销售业绩（属于公司需求）。

3. 报告要（非常）简洁。 一个关键数据要胜过十个不重要的数据（没有人会看）。

记住：如果你手里握有关于"大问题"的数据，公司核心团队的视线就会立即集中到你身上。

CHAPTER 01 发动你的上司

探索：你能用一个简单的数值来评估客户需求的满足程度吗？

我们认为是可以的，例如净推荐值（Net Promoter Score，简称NPS）。在计算净推荐值的时候，每位客户只需回答一个简单的问题："你有多大的可能会把这个品牌或这家公司推荐给朋友或同事？"对这个问题的回答能够提供所有人都能理解的简单参照。这一方法普遍适用于所有的客户接触点（比如电话服务中心、商店）和公司的所有分部。

一位营销负责人甚至在办公室安装了实时监控屏，以此来显示来自商店、电话服务中心和网站的客户反馈。这家公司一边不断了解客户的长期需求，一边也能在出现短期问题时迅速反应。

净推荐值等工具不可避免地过分简化了现实，因此，一些营销管理者便会以技术为由拒绝使用它们。然而，事情的重点并不在这里。你的目的是要在获利的同时比竞争对手更好地满足客户的需求。像净推荐值这样的简单工具已经可以帮助你实现这一目的。

⊙ 不要求升职，要求负责带领解决"大问题"的团队

一旦确定了"价值区"内关于客户和首席执行官的"大问题"，你就要提出解决问题的方案，以便让核心决策者授权你领导执行。

美国宽带公司的新任营销经理索尼娅[①]就是这么做的。

---

① 姓名和背景信息均已更改。

她刚到公司几个星期就发现，营销部门的工作气氛非常压抑。当她询问团队成员在公司感觉如何时，一位品牌经理说："没有人在乎营销工作。"另一位同事抱怨说："他们只知道削减我们的预算。"营销部门像是一座孤岛，落寞无助。

为了让营销工作重新得到公司高层的重视，索尼娅知道她必须让她的团队专注于一个"大问题"，而自己也必须以身作则。那么，这个"大问题"是什么呢？

当时，由于市场快速增长，于是所有的企业看起来只有一个目标——通过优惠吸引客户。各地的门店里贴满了诱人的优惠方案。不过索尼娅很快就发现，为了买到"最划算"的服务，客户存在非常严重的选择焦虑。很多人只想签订一份足够好的服务合约，然后把这件事从大脑中清空。

索尼娅还了解到，公司花费巨资获取新用户，同时却几乎没有采取任何措施来留住这些有利可图的用户。这种做法给他们带来了更大的麻烦，因为新用户市场的增长正在放缓，而首席执行官也对公司的盈利能力越来越担心。

索尼娅由此得出结论：公司必须整体改变客户模型，从单纯获取新用户转变为有选择地获取新用户并留住他们。她做了一些推演，其中最保守的情形也显示，如果他们能在留住客户方面做得更好，公司每个月就可以节省250万美元。

当然，索尼娅的前方并不是一条平坦的路。改变公司获取和留住新用户的方式会触及营销以外的许多部门，比如运营和销售部门，于是，她面对了很多激烈的争论。例如，在一次运营会议上，索尼娅再次告诉所有人，为什么公司目前的做法是错误的

（她没有意识到这么做会让一些人感到尴尬）。然而，她与董事会成员谈得越多，人们对她的大胆想法就越感兴趣。

事情的突破发生在年终的管理会议上。索尼娅根据众人的意见完善了自己的想法。她深吸了一口气，提出了自己的方案，并在最后说："我愿意站出来负责这件事。"

会议进展得非常顺利。她的报告结束时，首席执行官站起来说道："你已经完全说服了我们。我们的客户策略应该交给你来调整。"

不到两年，这家公司彻底改变了自己的营销模式。利润率明显增长。而且，由于现有的客户感觉自己得到了更好的服务，公司的客户满意度也得到了提升。索尼娅不仅得到了晋升，还带领了一个处理"大问题"的团队。这个团队拓展了"价值区"的范围。

自告奋勇带领解决"大问题"的团队是营销领导者在组织中提升影响力的有效途径之一。在这本书背后的研究中，我们惊讶地发现，很多营销管理者凭借主动请缨解决"大问题"都获得了职业生涯的跨越式发展。

一家消费品公司的首席营销官的经历也显示了解决某个"大问题"对职业成长的推动作用。

当她作为一名品牌经理来到这家公司的时候，公司还没有设置首席营销官的职位。她首先通过领导一个大型项目的实施证明了自己。然后，她开始制订公司未来的市场营销愿景。市场正在迅速变化，她知道数字营销的兴起是一个巨大的机会，对公司未来该如何服务客户也有自己的设想。她还确信，公司需要一位真正的首席营销官来为公司的数字化转型掌握航向。

她在董事会上提出了自己的计划,并毛遂自荐担任公司的首席营销官。董事会同意了她的方案。

这位首席营销官又以一种非常巧妙的方式表达了她的职业抱负。她在"价值区"内发现了一个"大问题"——客户服务数字化。接着制订了相应的解决方案,并主动提出负责该计划的实施。这种针对"大问题"的工作方式为她成为一名优秀的首席营销官奠定了坚实的基础。

营销管理者常常表示,他们不喜欢提出晋升的要求。然而,我们的研究表明,用正确的方式积极追求职业成功确实有助于推动职业成长。不要只是要求升职,你要制订一个周全的计划来拓展"价值区",然后主动请缨,负责这一计划的实施。

探索:引领数字化"大问题"的解决

对于今天的大多数首席执行官来说,数字化战略都是一个"大问题"。营销领导者可以在帮助公司制订数字化战略方面发挥重要作用,并最终有助于为客户提供更好的服务。但是,在"数字化"面前,营销管理者最常见的反应是恐惧。他们害怕没有掌握足够的知识,害怕错过重要的趋势,害怕落后于时代。一位首席营销官告诉我们:"数字化时代让我非常头疼。要学的新工具太多了,每天都有新的变化。我们的首席技术官刚采购了一批新上市的数据挖掘软件,我得在如何使用它们以从客户数据中挖掘更多的价值这件事上提出自己的看法。这一类工作永远都做不完。"

CHAPTER 01 发动你的上司

制订数字化战略虽说是一件非常复杂的事情,但也没有复杂到无法完成的地步。遗憾的是,很多营销管理者混淆了数字化战略(如何通过数字化来帮助我们拓展"价值区"?)与数字化战术(我们应该使用哪些数字化工具?)的区别。这就像,你在不清楚自己是否需要一辆车的情况下选择车的颜色。

你要同时看清大战略("整体"模式)和小战术("局部"模式),而不是混淆它们,这是所有的营销领导者都必须锤炼的重要技能。

假如你只是一名营销新手,那么只关注一些重要的数字化工具和技术也没有问题。但是,一旦你管理了一个团队(更不用说管理整个营销部门),你就不可能永远保持"局部"模式,一心学习所有新的数字化工具。这些工具你永远都学不完,而且更糟的是,你会错过在更重要的事情上帮助公司的机会,比如制订数字化时代的客户战略。

作为一名营销领导者,你必须首先学会进入"整体"模式,制订数字化时代的客户战略。这意味着,你首先要回答一个"大问题"——如何通过数字化来拓展"价值区"(同时满足客户需求与公司需求)?然后,你才能进入"局部"模式,关注具体的战术性工具,以此来实施你的战略。

先看"整体",再看"局部"(接下来可能还要回去看"整体",接着再去看"局部",如此反复),最优秀的营销领导者正是通过这一做法来确保让"数字化"创造价值的。

如果你觉得自己对数字化没有把握,那么这也不是你一个人的问题——没有人能把握(当然,那些专门从事数字化业务的公司除外)。但是,以下这些步骤应该有助于你在数字化战略方面保持领先,不论你在这方面的资历如何。

"整体"模式

在查看具体的数字化工具之前,首先后退一步,问问自己下面这些问题:

1. 如何借助数字化解决某个真实的(已知的或潜在的)客户需求(例如将产品更快速、更经济、更契合需求或更方便地提供给客户)?如何借助数字化改进产品,提升服务质量,以及改善涉及用户体验的其他方面?

2. 如何借助数字化解决某个真实的公司需求(例如更好、更快、更高效或者更经济地研发、制造、分销或销售产品)?

3. 如何借助数字化拓展"价值区"(客户需求和公司需求的交集区域)?

4. 在问题1—3的基础上,公司的数字化客户战略应该是什么样子的?与你们的首席技术官、首席财务官或首席运营官合作,或者选择外部合作者来制订这一战略。通过沟通,你很快就会发现,哪些外部合作者只是想卖东西给你(也许大多数都是这样的),哪些是真的想帮你制订战略。邀请两到三位外部顾问为你做数字化现状评估。设想相应的时间安排、花费和可行性。根据我们的经验,整个过程有可能需要3—6个月。也许,你经过分析后会发现,在数字化方面,能够实现最大增长和利润的领域是用户导向的创新、生产速度,甚至还可能是广告和促销。

5. 在数字化客户战略方面展开沟通。正如你将在这本书中看到的那样,有了"极好的方案"并不意味着人们会自动跟随你。实施你的数字化战略的时候,你几乎必然会接触营销部门之外的很多管理者。你需要与所有重要的利益相关者讨论你的建议,理想的做法

CHAPTER 01 发动你的上司

是让他们一开始就参与这一战略的制订过程。在开足马力之前,你要再安排3—6个月的时间走出办公室,发动大伙儿一起努力(见本书中的第5大原则)。好消息是,你现在已经在数字化方面拥有了清晰的视角,这一点将使你脱颖而出。

"局部"模式

战略尽管很关键,但是,你也需要深入理解与战略相对应的最重要的数字化战术工具。此刻,你已经拥有了战略的视角,所以你应该有能力鉴别不断涌现的数字化工具,抛弃掉其中的一大部分,最后专注地深入研究其中的一小部分,这是更加可行和有益的做法。下面是行动的具体步骤:

1. 根据你的实施战略,选择少数(2—3种)数字化工具或战术,然后直接实施或试点。学习一些待人接物的街头智慧。把重要的工具亲手使用一段时间,接受训练,获得第一手经验,即便你是首席营销官。这样一来,当你需要针对这些工具做出重大决策的时候,你就能轻而易举地进入"局部"模式,因为你了解其中的门道。这些工具大都不像火箭科学那样难懂,如果你肯花费一点时间在上面,了解其中的2—3种是完全可行的。"局部"模式的关键是要优中选优。

2. 放弃其余部分。为了使数字化发挥作用,你必须找"几匹马"来押注。如果你的数字化战略包含25种工具,那么你可能哪一种都用不好。选择其中2—3种最重要的工具(见上一步),然后放弃其余的大部分工具,只选取少数用作备选。

3. 决定外包事项。如果你无法确定某种数字化工具效果如何,你可以交给外部人员试运行，待查看结果后再做决定。很多人都想把工具推销给你，较好的做法是，你先要求对方为你试运行一段时间，待确认效果后再决定购买。

4. 整理数据。如果你的数字化工具确实有效，那么这种效果应该体现在数据（利润、营业收入）上。如果你连大致的数据都得不到，那么你自己和其他人恐怕都会质疑这一工具是否有效。就其本质来说，大多数数字化营销所针对的并不是长期的品牌建设，而是短期的、点状的、可量化的客户反应，或者其他可量化的短期结果。

5. 测试一种完全"偏离战略"的工具。我们刚刚告诉过你，战略决定了你会选择哪种战术工具。现在，我们提出一个相反的建议，你要测试一种可能完全偏离战略，但同时却让你非常感兴趣的工具。在飞速发展的数字时代，你无法预见一切。你可以顺便测试一种新的工具，看看它的结果，如果实际应用效果不错，你就可以调整自己的战略。因为你现在已经有了整体上的重点，所以你可以让自己略微分一点心。有传言说，谷歌公司就是依靠这样的方式推出了一些最赚钱的创新性产品。

"整体"模式和"局部"模式将有助于你制订重要的数字化客户战略，掌握关键的数字化营销工具。你的战略视角和你对战术工具的亲身体会（即使你身处公司最高层）将有助于你展开关于数字化战略的沟通。而且，我们知道，大多数首席执行官都希望营销管理者能够做到这一点。

作为一名营销领导者，你要确保只处理"价值区"内的"大问题"。如果有疑问，请遵循汽车部件零售商哈福德（Halfords）曾由首席营销官升任首席执行官的吉尔·麦克唐纳（Jill McDonald）

的建议:"永远恪守做生意的朴素原则——你如何赚钱?你的客户如何看待你?"

> ### 你必须回答的关键问题
>
> 为了成为公司最高管理层中的一员,也为了发动你的上司来满足客户的需求,你必须处理"大问题",即能够拓展客户需求与公司需求的交集区域的事项。处理"大问题"是拓展"价值区"的核心驱动力。
>
> ◎ 客户最重要的需求是什么?
> ◎ 公司最高管理层最重要的需求是什么?
> ◎ 如何使用基于可信数据的价格标签来证明这个"大问题"很重要?
> ◎ 你如何自告奋勇牵头解决这个"大问题"?
> ◎ 你有没有反复进入"整体"和"局部"两种模式来引领公司的数字化战略沟通?
>
> 你也可以在下面的网址下载这些问题:
> www.marketingleader.org/download

第 2 大原则
无论如何，提供回报

核心问题 我代表成本还是收入？

作为一名营销领导者，你必须不断证明，营销工作能够带来财务回报。为什么？如果公司知道你的工作能够带来收益，那么你的重要营销项目就能获得更多的资金支持。

为了更好地理解我们所谈论的内容，我们来看看福特汽车公司前首席营销官（现任首席执行官）吉姆·法利（Jim Farley）的例子。

2007 年，吉姆离开雷克萨斯加入了福特。不久后，如同大多数美国汽车制造商一样，福特也遭受了金融危机的沉重打击，本已放缓的销售进一步雪上加霜。2008 年，福特公司公布了巨大的亏损。

吉姆知道，品牌形象对购买有非常巨大的影响，而福特的品牌形象已相当糟糕。他认为，恢复市场份额最好的方法是重新树立公司曾经良好的品牌形象。但是，这需要投入大量的时间和

CHAPTER 01 发动你的上司

资金。

可以想象,福特的许多领导者都对此抱有怀疑态度。由于资金紧张,管理者们都不愿意在营销上投入资金。他们认为,把钱花在营销上未必能有效果。吉姆面临着重大挑战:他必须证明,营销是有效果的。

吉姆与财务等不同部门的同事一起创建了一个模型,该模型显示了品牌偏好对销售的推动作用。虽然这个模型并不完美,但足以证明营销投入、品牌偏好和销售数据之间的联系。

随后,吉姆巡视了全球的市场,与各大区域市场的负责人坐下来交流,并分享了这一模型。由于该模型是在财务数据的基础上形成的,所以人们大都相信这些数字。不过,这个模型当然也使用了估计的数字,这就为辩论留出了空间。吉姆耐心地听取了所有的疑问。他没有回避问题,最终成功地让福特汽车的领导者们认可了营销的效果。

来自福特汽车某一区域公司的首席执行官告诉我们:"吉姆很热情,也很认真。在离开房间之前,他一定会回答完我们所有的疑问。"

福特汽车公司的众多领导者第一次了解了营销工作对销售业绩的推动作用。最后,公司的管理者们一致同意投入资金建设品牌偏好,同时开展其他营销活动。从此,福特公司开启了强劲的复苏历程,这使福特品牌再次成为众多客户的首选。

如果你想发动高层领导者为你的重要营销活动提供资金支持,你就要确保让营销活动产生收益,并且用数据证明这一点,两者缺一不可。

深度营销

在被我们问及关于投资回报的重要性的时候，化妆品公司露华浓（Revlon）的前首席营销官本杰明·卡尔什（Benjamin Karsch）这样说道："作为一名营销领导者，我必须承担举证责任，证明营销活动为公司创造了价值。"

本杰明的话里有一个非常关键的词——"举证责任"。

对营销管理者业务影响力和职业成就的贡献度

业务影响力	无论如何，提供回报（12%）
职业成就	无论如何，提供回报（3%）

> 不同领导行为对营销领导者业务影响力和职业成就的相对贡献大小可以表示为每一种领导行为的贡献度占据神经网络模型中所有领导行为的贡献度的百分比，样本数量：1232。
>
> 在我们的研究中，"无论如何，提供回报"的行为和性格特质包括：以回报为导向（居于首要地位）、分析性思考和表现出强烈的原则性。
>
> 市场营销人员DNA研究，巴塔和巴韦斯，2016年（The Marketer's DNA-study, Barta and Barwise, 2016）

在我们的核心研究中，提供回报是营销领导者业务影响力的一大驱动力（相对贡献度为12%），同时也对他们的职业成就有所贡献（相对贡献度为3%）。

这一结果是有道理的。当你把钱花在吸引有利可图的客户上时，业务就会增长。而当你提供可观的回报后，你就更有可能获得更多的资金，这一点反过来又能创造更多的营收和利润。这是

CHAPTER 01 发动你的上司

一个非常简单的等式。

营销管理者对提供回报的重视程度有明显差别。在我们的研究中,只有2/3(约67%)的营销领导者表示他们非常重视提供回报。然而,大多数公司领导者却说这是一个过高的估计。例如,在一项研究中,超过50%的高层管理者认为,公司的营销支出甚至没有显著提高营收,更别提提高利润了。

换句话说,你的首席执行官可能认为这钱花得不值。

说营销者没有善用资金,这在一定程度上是不公平的。例如,营销活动对营收的影响可能并不容易衡量,特别是对长期的品牌建设投入来说。

但是,在显示他们的工作如何推动营收和利润方面,很多营销管理者都有非常巨大的提升空间。这包括衡量那些容易量化的营销工作效果,以及解释那些难以量化的营销工作效果。

如果站在最高管理者的角度,你就会立即明白,为什么你必须证明营销工作能够带来回报。

总而言之,首席执行官关心的是战略(把公司带往何处去)、组织(人员、技能等)、营收(当前和未来的总收入)和成本(决定账面利润的另一个因素)。

如果你的老板没有把你和营业收入联系起来会怎样?在这种情况下,你只是成本。用英国国家彩票运营商卡米洛特(Camelot)前首席执行官安迪·邓肯(Andy Duncan)的话来说,"营销可以被视为一种成本,而非投资,一旦企业遭遇困境,营销预算就会被削减"。

2.1 营收阵营

加入营收阵营（The Revenue Camp），这是最成功的营销领导者所做的事情——不仅公司领导者这样认为，实际中也确实如此。提供营业收入和投资回报不能只靠在营销活动上大做文章。

在接下来的内容里，我们将分享几种关于加入营收阵营的可靠做法。我们将举例说明：如何使你的工作更容易被他人理解，如何预估回报，如何选择正确的营销手段，以及如何像一名投资者那样行事。

这些做法不一定全都适用于你的情况，你得找到最适合你的做法。下面，我们就来详细讨论其中的部分做法。

⊙ 在营销工作方式上保持一致

"帮助公司领导者了解我们作为营销人员在做什么，是我们分内的事。"视频网站YouTube前全球客户营销总监安娜·贝特森（Anna Bateson）这样说。她的话再真实不过了。

营销管理者常常假定所有人都了解营销工作。但是，那些人并不了解，至少了解得非常肤浅。这就是为什么你要确保他人了解什么是营销，以及营销工作如何推动公司业务发展。

如同吉姆·法利一样，很多营销领导者通过运用简单的模型向组织解释了营销工作的内涵和意义，并从中获益匪浅。

在这里，最重要的是"简单"二字。所有人都能理解的营销模型的价值要比没有人能理解的营销模型高十倍（就传达而言）。

CHAPTER 01 发动你的上司

对于业务专精的营销者们来说,我们在这里提出的简化模型可能会让你们觉得自己的工作都白做了。我们的看法是:白做就白做了吧。

营销漏斗就是一个简单的营销模型。运用了这一工具,你就可以这样说:"只有20%的人对我们的品牌有好感。我们需要提高品牌偏好,因为只要是喜欢我们品牌的人,他们就有40%的可能性会购买我们的产品或服务。"

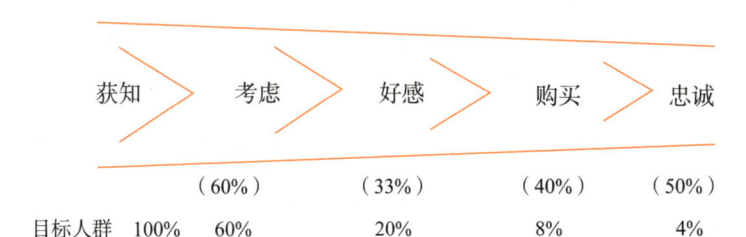

决策阶段与购买过程(简化模型)

	获知	考虑	好感	购买	忠诚
		(60%)	(33%)	(40%)	(50%)
目标人群	100%	60%	20%	8%	4%

图 2.1 营销漏斗

从客户的视角展示品牌偏好等营销概念如何对销售产生重大影响,这么做将极大地帮助公司领导者理解你的工作,理解营销对公司业务的推动。

例如,运用包含了获知、购买和忠诚的三段式营销模型,国际猎头公司瀚纳仕(Hays)的首席营销官肖尔托·道格拉斯-霍姆(Sholto Douglas-Home)成功地提升了公司领导者对重大事项的认知。肖尔托对所有营销领导者的建议是:"要想让高层管理者关心营销工作,你就要使用清晰的商业语言。"

你要与营销部门之外的同事（特别是财务和销售人员）一起建立营销模型，如此一来，你的模型才会可信、有效，并能在公司内得到广泛的支持。

一旦你在一致同意的基础上建立了营销模型，接下来就要广泛地传播它。不要回避任何评论或质疑。

每当我们提出这样的简化模型时，营销管理者们都会提出很多质疑（而首席财务官却不会这样做）："这好像不太现实。""这完全不适用于数字化时代。""太简单了。"我们这里选用的已经是最客气的评论了。我们明白你们的意思。客观地说，这些分析过分简化了现实，但是永远都无法做到完美，所有人都明白这一点。

如果你能找到一个让所有人都能理解的、既全面又准确的模型，那当然是非常好的。在这方面，你可以放手尝试（也请把这样的模型介绍给我们）。但是，你的策略最好是简单为上。当你发现，像这样一个非常简单的模型可以作为与其他部门讨论的基础，进而发挥巨大作用时，你可能会感到非常惊讶。

福特汽车、瀚纳仕和酿酒巨头百威英博（Anheuser-Busch InBev）等公司都使用简化模型进行内部沟通。你也可以这样做。

⊙ 如果不能打败对手，就加入他们

"亲爱的詹姆斯[①]，对不起，我无法与你面谈。在过去的两个月里，我们已经重新设定了广告成本的基准。作为营业收入的一部分，我们公司的广告支出几乎是我们最大的竞争对手的两倍。这是不能接受的。所以，我决定把今年的广告预算减少35%，明年再减少10%。我确信，你能理解我们控制成本的需要。对我们来说，这是非常艰难的一年。"

在关闭首席财务官的电子邮件时，营销总监詹姆斯可以感受到自己内心的愤怒："铁公鸡！他都不跟我商量！"

詹姆斯是美国一家运动品牌的营销负责人，他回忆起了自己与财务部门针对预算的无休无止的争辩。但凡哪个月销售业绩不理想，财务部门都会找他讨论削减营销预算的事情。对此，詹姆斯已经不堪其扰。

但是这一次，他有了一个想法："如果你不能打败他们，那就加入他们。"第二天，詹姆斯迈出了自己职业生涯中最大胆的一步。他会见了首席财务官，建议与对方联合成立一个小组来评估所有营销活动的有效性。开诚布公，绝不隐藏。

首席财务官感到非常惊讶，犹豫了一阵后，他同意了。而这个项目最终改变了一切。

来自营销和财务部门的联合小组发现，大多数营销活动确实

---

① 姓名和背景信息均已更改。

创造了不错的回报。而且，有些方面还有继续增加投入的空间（不过，一些能够带来高额利润的营销活动无法大幅增加投入，例如搜索引擎优化）。

另一些营销活动带来了重要的认识和见解，因此也是有用的。但其他一些活动，包括两项高知名度的赞助，既带不来回报，也带不来见解，于是小组决定完全砍掉它们。最后，小组成员还一起制订了措施来更加准确地评估营销活动的效果。

詹姆斯告诉我们："起初，这个过程非常痛苦。"但是最终，开诚布公的做法让营销工作变得更加重要，也更有影响力了。一些被砍掉的预算也得到了恢复。更重要的是，组织里的其他人终于明白了营销活动对利润的贡献。

英国航空公司（British Airways）客户部门负责人阿比盖尔·库默（Abigail Comber）表示："首席营销官要说清楚花在营销上的每一分钱都获得了多少投资回报。同时，他（她）也要说明这其中的作用机制。"与许多优秀的营销管理者一样，她也认为，开诚布公是你所能做的最能证明营销投入能够带来投资回报的事情之一。

评估营销回报的工具和书籍非常多。[1] 我们这本书讲的是领导力，所以我们不会讨论评估本身。但是，由于很多营销管理者都不知道该如何建立切实可行的回报评估系统（大多数首席执

---

[1] 可以参考 www.warc.com 网站数据库，里面有近万条关于营销活动效果的案例，可以按照行业、国家／地区、活动目标、媒介、预算和目标受众等条件进行查询。

行官都抱怨这一点），我们就在这里分享一些来自我们的客户的做法：

评估重要项目。评估小项目的回报可能会让你得不偿失。看看你的总体预算，找出关键的大项目，首先重点评估它们。

邀请财务人员参加。与财务团队的专业人员一起确定评估回报的方式。你会发现，大多数财务专业人员都知道，不是所有的项目都可以，或者都应该受到评估。不过，邀请财务人员共同解决这一问题还是会大大增加数据的可信度。

运用 80/20 法则。营销评估并不是要算对每一分钱。例如，品牌公关等营销活动的效果很难衡量（或者依靠许多前提假设）。有些人使用复杂的评估工具，把短期和长期效应以及品牌资产都列入资产负债表。另一些人则使用包含营销支出和销售额的简单季度电子表格，效果也非常好。如果你不确定这么做是否有效，就可以咨询专业机构或专业人员，看看他们会如何为你建立营销评估系统。先采取简单的做法，然后再逐步扩展它的功能。

经常展示你的回报评估。这么做可能需要你具备一些勇气，但是，与高层管理者分享估测的营销回报是你作为一名营销领导者建立公信力的最佳途径之一。至关重要的是，分享回报评估也包括了分享失败。

根据我们的经验，开诚布公的营销领导者可以在营销投入方面获得更多的支持。

深度营销

⊙ 运用最有力的营销手段

丹尼尔[①]是一位首席营销官，他遇到了一个问题——他的老板不重视他。作为一家大型消费电子公司的区域营销负责人，他经常发现自己在老板的议程表里排名老末。丹尼尔的这种情况并不少见。数以百万计的营销人员正在努力获得关注。也许在公司看来，他们的工作并不重要。

市场营销在公司中的影响力究竟在增大还是缩小？所有的营销人员都希望答案是增大。曼海姆大学的一项研究表明，公司的高级管理者将定价、产品开发和战略评为了公司最重要的事务。然而不幸的是，我们没有看到营销管理者在这当中发挥很大的作用。

我们的研究也发现了类似的情形：只有32%的高级营销管理者表示自己能够参与定价，56%的高级营销管理者能够参与产品开发，39%的高级营销管理者能够参与制订公司战略。他们更有可能参与沟通和交流活动（77%），而曼海姆大学所做研究中的高层管理者却认为这项工作并不重要。这一点或许是不公平的（也是不正确的）。但感知即是现实。如果人们认为你的工作对于"价值区"不重要，你就不会受到重视。

---

① 姓名和背景信息均已更改。

CHAPTER 01 发动你的上司

表 2.1 营销管理者在做什么

日常工作	营销管理者所占百分比
沟通	77
品牌开发	63
产品开发	56
促销	55
客户保留	55
公司战略	39
销售	38
定价	32

市场营销人员 DNA 研究，巴塔和巴韦斯，2016 年（The Marketer's DNA-study, Barta and Barwise, 2016）

托马斯回忆说："在丹尼尔成为我的客户之前，我问他：'你是做什么的？'他回答说：'我维护我们的品牌，做品牌传播。'即使身为营销负责人，丹尼尔的工作范围也远离与利润关系最为密切的领域——定价、产品、分销和战略。我在丹尼尔的公司访谈高层领导者的时候，许多人都把他描述为'小角色'。难怪老板不重视他。"

在 6 个月的咨询过程中，丹尼尔通过以下三个步骤来确保自己已经开始运用最有力的营销手段：

步骤 1：找到最能促进公司业绩增长的事务。如果你能帮助公司实现增长，你就会成为公司最核心的领导者。丹尼尔很快发现，分销是公司的一大瓶颈，竞争对手只是覆盖了更多的店铺而已。公司的另一个"大问题"是定价。公司几乎每天都会调整价格，以便在严酷的市场环境中确保产品的销售。然而，这一做法欠缺考虑，一旦降价太多会立即危及公司的利润。

步骤2：寻找突破口。 找到最能促进公司业绩增长的事务后，接下来就要选择你最有能力改变的方面作为突破口。在丹尼尔的案例里，由于销售负责人刚刚聘用了两位定价专家，所以这时去处理定价问题并不是明智的选择。分销领域蕴藏着更大的机会。丹尼尔熟谙零售市场，而且已经有办法将产品铺到更多的店面。所以分销就成为下一步工作的突破口。

步骤3：大处着眼，小处着手。 作为一名营销领导者，当你进入一个新的领域时，你的步子不能迈得太大。同时，你也要牢记目标——长期的优质增长。丹尼尔知道自己不能贸然处理公司的分销事务，于是他做了很多功课。首先，他收集了公司的分销信息，发现数据非常零散——没有人对全局有完整的认识。经过一番努力，他的团队发现公司的铺货率只有68%。掌握了这些信息，丹尼尔在公司的地位就变得更加重要了。他的团队拓展了分销思路，甚至动用了营销预算来支持这一行动。一天，他自然而然地说出了自己的愿景："我们来让铺货率突破80%。"销售团队最初感到非常尴尬，但是丹尼尔手里有数据，他们也只能表示赞同。就这样，80%的铺货率成为公司的目标。当这一目标最终达成后，掌声大都送给了丹尼尔。

丹尼尔花了几个星期进入了公司的营收阵营。对他来说，不受重视已经成了历史。

如果你解决的是公司最重要的问题，并且有助于拓展"价值区",那么你作为营销领导者的影响力就会上升。你可能需要分几步来参与真正重要的核心事务,那么今天就迈出第一步如何?

问问你自己:你是否运用了正确的营销手段来让自己的工作产生更大的影响?

⊙ 成为消费者盈余的守护者

公司产品或服务的标价与客户乐意支付的价钱之间是否存在差额呢?答案是肯定的,而这一差额就是"消费者盈余(customer surplus)",即客户从公司的产品或服务中获得的价值与他们花掉的金钱之间的差额。消费者盈余越大,客户的满意度就越高(不过这也意味着你可以提高价格)。要想帮公司赚钱,你就得充分了解消费者盈余。这里有三点建议可以帮助你:

第一,找出客户真正看重的价值。诸如联合分析(客户权衡产品的不同特征并与价格相比较)等方法能够帮助你实现这一目的,同时还有深度访谈或小规模市场测试等分析方法。

第二,掌握产品各种配置、功能和益处的实际成本。尽力了解公司增加额外功能和配置的实际成本(包括间接成本)。同样地,你也要尽力了解减少功能和配置所能带来的直接成本和间接成本的节约。功能和配置可以大幅度减少,这也是一种非常有效的战略,一些著名的低成本航空公司和零售商就是这么做的。在高端市场,单一的产品线(比如苹果公司的产品线)也因提供较少选择而让客户选择起来更加方便。总之,这意味着你要与其他部门密切合作，包括运营部门、财务部门，很可能还有其他职能部门（销售和服务部门、人力资源部门、IT部门）。

第三，讨论消费者盈余。 一些最受尊敬的营销领导者定期在公司内部讨论关于消费者盈余的话题。一家工具制造商的首席营销官告诉我们："我一直在持续更新一张图表，上面有我们工具的价格和成本，客户打算付多少钱，以及他们实际会使用的功能。做这项工作我用了一年多的时间，但是现在，所有人都跑来查看我的数据，而且所有人都想征求我的意见。"

2.2 像投资者一样行事

"致伯克希尔-哈撒韦公司股东：伯克希尔公司2014年净资产收益为183亿美元，这使得我们A类和B类股票的每股账面价值增加了8.3%。在过去的50年里（即现在的管理者接管公司到今天），公司的每股账面价值从19美元增加到14.6186万美元，年复合增长率为19.4%。"

这是沃伦·巴菲特（Warren Buffett）在伯克希尔-哈撒韦公司（Berkshire Hathaway）年度报告中的头两句话。它们确定无疑地表明了沃伦的股东们所看重的东西——回报。然而在工作中，你却很难找到谈到类似内容的营销报告。

成功的营销领导者像投资者一样行事，而其他人也会看到这一点。他们把自己的预算看作投资资金，根据时机坚决地要求增加或减少预算。他们"将投资集中在最有可能与客户结成良好关系的领域"。美国好时公司前首席营销官彼得·霍斯特（Peter Horst）如是说。在上司眼里，这些营销领导者属于营收阵营。

我们的研究清楚地表明：以投资者的心态行事和创造回报是你提升业务影响力的关键。

以下是供你考虑的一些策略。

⊙ 减少营销投入

真的要这样做吗？作为营销管理者，公司为你提供资金，而你用这些资金创造回报是你的职责。如果你的分析表明，营销活动甚至无法覆盖成本，那么你就要削减营销投入。你可以重新安排资源的使用，甚至把钱退回去。你这么做会让人肃然起敬！

蒙特利尔哈里斯银行（BMO Harris Bank）个人与商业银行业务前营销负责人伦贝托·德尔·雷亚尔（Remberto Del Real）告诉我们，他上任第一周就发现，他的部门有30万美元的高尔夫活动预算。他知道这些活动创造了很好的招待客户的机会，但是他问自己的团队成员："这一营销支出能带来高额回报吗？"回答是"不能"。于是，他把这项预算让给了销售部门，因为后者能够从中获得更好的回报。伦贝托在一夜之间就强化了核心管理层对营销工作的信任（同时也在销售部门结交了朋友）。

⊙ 增加营销投入

像投资者一样，你有时也会发现能够带来高额回报的机会。请记住，公司也希望找到有利可图的投资机会。实际上，大多数公司都缺少上佳的投资机会（尽管糟糕的投资机会多得很），同时它们并不缺少资金。如果你发现了很好的机会，并且能够摆出事实，充分论证，那么任意一位优秀的首席财务官都会听取你的建议，并努力帮你寻找你所需要的额外资金。一位首席财务官告诉我们："营销管理者有时候会死守在现有的预算上。"他想知道，如果有好的投资机会的话，为什么他的首席营销官从来不要求增加预算。

如果机会合适，要求得到更多的预算，成功的可能性会更大。我们的一位首席营销官客户回忆说，她进入公司后，发现在冬季假期前推销家庭保险的效果更好，比平时多了50%以上。这个时机似乎是合适的，但是她的前任已经花掉了全年的预算。她准备了相应的数据，召集了董事会议，结果没出25分钟就得到了额外的预算。

身为一名营销领导者的你也是一名投资者。这有时意味着要增加投入——如果你能给出证明的话。

⊙ 花更少的钱办更多的事

在时任首席营销官马克·阿迪克斯（Mark Addicks）的推动下，美国食品巨头通用磨坊（General Mills）花费很少的预算推出了一种低热量酸奶，这些预算主要用在了社交媒体推广方面。其中一个项目是，他们通过"饥饿女孩"（Hungry Girl，一位知名体重管理博主）每天向她的100多万名粉丝发送电子邮件。这次低成本的营销活动效果非凡，一举开创了一条非常成功的新产品线。

很多著名品牌都推出了低成本的营销活动，比如美士（Nutro）狗粮、酷乐仕（Glaceau）矿泉水和高伦雅芙（Proactiv）化妆品等等。

好消息是，低成本预算能够激发营销人员的核心优势——创造力。

我们经常建议营销领导者削减一些活动预算或者团队内部的某些预算，以此来激发创意。

你会为低成本预算所获得的效果而感到惊讶。

⊙ 集中火力做精、做大少数事

营销管理者经常在很多事情上分摊预算和精力，特别是新的数字化营销时代带来了大量的选择。要想在水里激起最大的水花，你要做的是朝水里扔一块大石头，而不是往水里扔大量的小石块。

约翰·伯纳德（John Bernard）告诉我们："作为乐金移动（LG Mobile）的营销总监，我最大胆的举动是将全部预算的80%放在了一款新产品的营销上，那是一款名为'巧克力'的手机。当时，营销团队内部争论得脸红脖子粗，其他团队成员自然不想减少其他产品的预算。"

最后，伯纳德赢得了争论，巧克力手机也成为公司最成功的产品之一。这一结果也显示，整个营销团队已经不再各自为战，他们工作起来就像是公司真正的投资者。

巨大的回报需要专注。要想产生足够的影响力，你就要集中火力做精、做大少数的几件事。

查看你所有的营销活动——它们真的在掀起波澜吗？如果你提供赞助，那你的品牌是否是曝光度最高的那个？如果你做电视广告，那你的品牌是否得到了他人的关注？如果你参加展会，那你的品牌有没有脱颖而出？

只要情况允许，就尽可能去扔一块大石头！

到此为止，我们已经向你说明，要想发动上司来支持你的营销优先事项，你所解决的就必须是"价值区"内的"大问题"，同时，你还要提供回报——在任何情况下都是如此。

现在，我们来看看有助于你发动上司的另一个办法，它就是第 3 大原则——只跟最优秀的人合作。

CHAPTER 01 发动你的上司

你必须回答的关键问题

提供回报是你的业务影响力的一大支柱,它对你的职业发展也很重要。

- 你有没有向同事介绍营销工作对公司的作用?他们能指望营销做什么,不能指望营销做什么?
- 你如何才能开诚布公地帮助同事理解你创造了多少回报?
- 你是否正在运用最有力的营销手段?你如何在与营收关系密切的方面增大影响力?
- 你的公司所提供的消费者盈余是否适当?你有没有优先考虑能够为大多数客户创造最多价值的事情(与做这些事的成本相比)?
- 在你目前的预算水平下,你面临的投资机会是否能带来高额回报?还是说,你应该主动减少预算?
- 你是否有能够支持你获得更高预算的高回报投资机会?你有没有主动寻找过这样的机会?
- 你能找到明显更加有效的方式来花费你的预算吗(甚至可以通过削减预算来激发创意)?
- 你所关注的是少数影响力很大的营销活动,还是很多影响力很小的营销活动?

你也可以在下面的网址下载这些问题:
www.marketingleader.org/download

第 3 大原则

只跟最优秀的人合作

(核心问题) 最优秀的人在哪里？我能和他们一起工作吗？

对很多营销领导者来说，史蒂夫·乔布斯的领导方式是你被赶出公司大门最快捷的途径。乔布斯改变了行业，改变了我们中的许多人上班、听音乐和交流的方式。然而，他在别人眼里却是一个傲慢、恃强凌弱和暴躁易怒的人。我们的研究表明，在 21 世纪的组织里，这些性格特征绝不会让作为营销领导者的你有好果子吃。

不过，有一些事情，乔布斯做得非常出色，其中的一件就是，他不遗余力地寻找业内最优秀的人，并与他们一起工作，无论他们在哪里——从杰出的电脑工程师和苹果联合创始人史蒂夫·沃兹尼亚克（Steve Wozniak）开始。

1982 年，乔布斯飞赴日本，以便确保索尼公司能够为他的突破性产品丽萨计算机提供先进部件。三年后，为了他的 NeXT 公司标志，他向顶级设计师保罗·兰德（Paul Rand）支付了高达 10 万美元的报酬。

CHAPTER 01 发动你的上司

跟最优秀的人打交道——即使对方远在天边——这也并非只是史蒂夫·乔布斯的做法。再比如,丹麦有一家小型咨询公司RED。业界一般认为,这家公司极大地促成了德国体育用品制造商阿迪达斯的成功。

在麦肯锡,项目团队通常由来自世界各地的行家里手组成。帮助芝加哥的客户解决战略问题的专家可能在约翰内斯堡办公。这就是为什么这家公司已经破除了阻碍全球招聘的所有障碍。在麦肯锡等顶级跨国企业,一个人住在什么地方是最无关紧要的事情。

跟最优秀的人打交道能够改变工作的结果,但要做到这一点可能需要你付出勇气。我们来看孟惠[①]的经历,她是亚洲一家饮料公司的营销总监。

孟惠和她的团队不满意目前营销活动的效果,于是他们开始在全世界寻找最出色的营销代理机构。后来,他们找到了一家巴西公司。在孟惠所见过的创意最独特、效果最显著的营销活动里,背后由这家公司操刀的项目就有好几个。

孟惠去巴西面见了这家机构的老板,双方一拍即合。对方对亚洲市场的见解非常有说服力(尽管亚洲市场客户的购买和消费方式与巴西完全不同),于是她决定与对方展开合作。

公司目前的营销代理机构对这一决定感到非常愤怒。一天晚上,这家机构的老板打电话给孟惠,威胁说要和她的区域经理谈话,如果她终止了他们之间的合作关系,她就会被解雇。

---

① 姓名和背景信息均已更改。

孟惠的区域经理和这家机构的老板是老朋友。但孟惠主意已定。她没有等待，主动面见了区域经理，用事实证明了为什么她认为新的代理机构更有利于公司的发展。

这名区域经理感到骑虎难下，因为这家机构的老板的确是他的一位老朋友。然而，孟惠的决心和论证给他留下了非常深刻的印象，他最终同意支持她的决定。

新机构帮助公司成功地进入了两个新的市场。在竞争异常激烈的市场里，孟惠主营品牌的市场占有率在两年间提升了5%。这当中的大部分功劳都要归于营销活动的助力。

她回忆说："选择优秀的陌生人为你工作可能要冒风险，但我将来还会这样做。"

与最优秀的外部合作伙伴一起工作，好处显而易见。但是，能做到这一点的营销管理者仍然十分稀少。你要去寻找最优秀的人——无论他们身在何处。

CHAPTER 01 发动你的上司

对营销管理者业务影响力和职业成就的贡献度

业务影响力	只跟最优秀的人合作（1%）
职业成就	只跟最优秀的人合作（2%）

不同领导行为对营销领导者业务影响力和职业成就的相对贡献大小可以表示为每一种领导行为的贡献度占据神经网络模型中所有领导行为的贡献度的百分比，样本数量：1232。

在我们的研究中，"只跟最优秀的人合作"可以理解为："在不受对方地理位置的影响下，挑选最优秀的外部合作伙伴。"

市场营销人员 DNA 研究，巴塔和巴韦斯，2016 年（The Marketer's DNA-study, Barta and Barwise, 2016）

仔细看过我们的研究数据后，你可能会说：跟最优秀的人合作并不是多么大的一股力量。

从表面上看，你说的是对的。例如，与提供回报相比，跟最优秀的人合作并不是那么重要。但是不要忘记，在这本书中，我们只展示了统计数据上对成功有显著影响的原则。我们测试的众多领导力项目甚至都无法写进这本书里。

就阿迪达斯（与 RED 合作）和许多其他公司而言，跟最优秀的人合作确实促成了业绩的突破。换句话说，如果你找到了正确的合作伙伴，结果就可能非同一般。

只有 62% 的营销领导者要求与最优秀的人合作。很多人更加偏爱本地或已经熟识的合作伙伴。

我们有时会听到这样的论点："我们没有那么多钱去与最优

秀的人合作。"而且，由于采购部门在公司里的地位越来越重要，公司也就越来越关注成本而不是价值。如果这就是你的情况，你就要再仔细想想。用设计师吉尔·桑德（Jil Sander）的话来说，"人们会忘记价格，但他们永远不会忘记质量"。

与最优秀的人合作不单单是一个预算的问题，它还是一个关乎回报的问题。在竞争激烈的全球市场中，你应该尽可能地与最优秀的人一起工作。如果你做到了，你就会获得很好的财务回报。反过来，你在公司的地位也会更加稳固（人们会忘记价格）。

不过，这里有非常重要的一点，即最优秀的并不一定是最昂贵的。事实上，一些小型机构里也有非常出色的人才。你要寻找的不是价格，而是出类拔萃的人才。

有一句俗话这样说："如果你想成名，就跟名人站在一起。"我们承认，与顶尖的知名人士合作或许有助于扩大你作为一名领导者的影响力，但这不应该是你这样做的主要动机。唯一重要的是，你要与最能帮助公司提升业绩的人合作。

能够最大限度满足你的需求的人很可能不在你的城市，而可能在科隆、迈阿密或者首尔。以下是关于如何找到最优秀的人的一些建议。

3.1 寻找成功

各行各业都有相关的博客和杂志，上面刊载了最成功的活动、最好的产品和最先进的理念。找一些来自不同国家的博客和杂志，并与你的团队仔细研究（但是要注意的是，有些文章是软广告，它们是不值得你花费精力的）。

在你的行业里，全世界最成功的营销活动有哪些？这些活动成功背后的外部合作伙伴都是谁？

3.2 去参加大型会议——不要只待在你的后院里

为了获得新客户，很多机构和专家经常参加行业会议。尽管一些营销管理者可能很不喜欢参加这样的会议，但你确实会经常遇到有趣的人和独到的想法。

参加这样的会议时，你的心态要开放（这就是阿迪达斯能遇到 RED 的原因）。你也要去国外参会，这么做能开拓你的眼界，激发新的创意，同时增加你思想的深度。

3.3 经常与潜在合作伙伴交谈

忠诚于现有的合作伙伴或代理机构是很重要的。你要建立紧密的合作关系，形成默契和相互理解。

但是，为了跟上形势，每年都结识一些新朋友也没有什么坏处。你要清楚地告诉他们，你现在可能还不想换掉目前的合作伙伴。如果你向他们寻求建议，那就要付费，以此来表示尊重。如果你这样做的话，这位合作伙伴很可能就会无比认真地对待你，盼望将来能够获取你的业务。

与最优秀的人合作不像火箭科学那么高深。与最优秀的人合作来创造更高的投资回报，你有没有把这件事列入议事日程？

"只处理'大问题'""无论如何，提供回报""只跟最优秀的人合作"，这三大原则将帮助你发动你的上司，影响公司对待客户的方式，同时确保你获得迫切需要的资源来帮助公司成长。

接下来，我们将讨论如何发动你的同事。正如你即将看到的那样，发动你的同事意味着开挖一座不同的金矿。

你必须回答的关键问题

与最优秀的人合作能凭借提供高回报和拓展"价值区"帮助你发动你的上司。

◎ 在你的行业里，哪些外部合作伙伴协助你们创造了全球范围内最具影响力的营销案例（包括活动和产品）？你有跟他们保持联系吗？
◎ 你有没有在行业会议或者其他地方遇到很多有趣的潜在合作伙伴？
◎ 如何不时与潜在合作伙伴交流，以此来衡量当前外部合作伙伴的绩效？

你也可以在下面的网址下载这些问题：
www.marketingleader.org/ download

CHAPTER 02

发动你的同事

> 领导者必须鼓励他们的下属跟着尚未听到的音乐舞蹈。
> ——沃伦·本尼斯(Warren Bennis)

第 4 大原则
分享激励人心的愿景

核心问题 我如何让同事心悦诚服？

虽然营销团队在创造用户体验方面发挥着重要的作用，但这也只是问题的一个方面。在几乎所有的企业里，主导用户体验质量的人并不在营销部门工作。

为了改善用户体验，实现长期的优质增长，拓展"价值区"，你就要发动所有其他部门的同事。

但是，你如何才能做到这一点呢？

困难在于，这些其他部门的同事并不直接向你汇报。而且，他们人员众多，每个人都有不同的工作。要想拓展"价值区"，你就必须在客户需求和同事需求之间找到尽可能多的交集。

德国汉莎航空公司前首席营销官亚历山大·施洛毕茨（Alexander Schlaubitz）这样总结道："这个世界从未像今天这样能够让营销管理者在所有的接触点上塑造用户体验。这跟技术关系不大，而是对营销管理者的领导力提出了挑战。营销管理者不仅

CHAPTER 02　发动你的同事

要了解客户需求，同时还要发动组织中的其他人员为客户，并最终为公司创造真正的价值。"

由于你不能命令同事做事情，所以你必须找到其他方式来发动他们。首先，你要分享一幅激励人心的愿景。

这么做的最佳途径之一是讲故事。多年来，我们一直在向客户和学生强调讲故事在企业管理中的重要性。

不过，在我们的核心研究中，讲故事真的重要吗？答案是重要，而且非常重要。讲故事确实能帮助营销管理者取得商业上的成功（3%）。不过，讲故事对营销管理者职业成就的影响要更大（7%）。

这一结果来自我们对很多首席营销官的访谈。能够拥有一幅激动人心的愿景非常有利于公司的经营，它对企业目标的清晰呈现也会是你的一大优势。

对营销管理者业务影响力和职业成就的贡献度

业务影响力	分享激励人心的愿景（3%）
职业成就	分享激励人心的愿景（7%）

不同领导行为对营销领导者业务影响力和职业成就的相对贡献大小可以表示为每一种领导行为的贡献度占据神经网络模型中所有领导行为的贡献度的百分比，样本数量：1232。

在我们的研究中，"分享激励人心的愿景"指的是讲述激励人心的愿景故事。

市场营销人员 DNA 研究，巴塔和巴韦斯，2016 年（The Marketer's DNA-study, Barta and Barwise, 2016）

福特汽车首席执行官吉姆·法利甚至说："讲故事是你作为营销领导者的最重要的技能。"

当然，要想有效地运用故事，你并不一定要成为像福特这样的《财富》500强公司的营销大拿。事实上，很多善于讲故事的营销领导者都在媒体较少报道的中型公司工作。

我们来看热姆①的案例。热姆是一名营销经理，他的用户体验愿景帮助他拯救了一家不景气的门把手企业。你可能会觉得，这并不是一个吸引人的市场。

那是20世纪90年代初期，制造门把手是一门既难做，又很难挣到钱的生意。在客户眼里，他们的产品只是普通的商品。

在这一领域，热姆的公司是美国历史最悠久的制造商之一。然而，价格较低的亚洲产品正在快速侵入一个平静已久的市场。公司的创立者仍然掌管着公司的经营，长期以来，他一直对低成本的竞争持摒弃态度。"我们靠质量取胜"，是他的信条。

不幸的是，越来越多的客户，通常是建筑公司，发现价格较低的替代品已经"足够好"，热姆公司的损失不断加大。第一轮成本削减和裁员给公司的老员工留下了深刻的印象。

热姆是由一家擅长重组业务的咨询公司推荐来的，为了帮助公司扭转困局。在上任的第一个星期里，他与工人、客户和专家进行了大量的交流。令他印象深刻的是，公司的工人对门把手充满热情。一位工人告诉他："在你进入一幢房子的时候，你碰到

---

① 姓名和背景信息均已更改。

的第一件物品就是门把手。"另一位工人说:"我可以从你家用什么样的门把手猜到你的性格。这跟看别人穿什么鞋是一个道理。"

但是客户却不怎么关心门把手。于是他很难访谈到什么人,而且所有的访谈持续时间都很短。一位客户说:"反正,它不过就是一只门把手。"

热姆继续寻找原因,他相信答案一定存在。他查看来年的工艺流程,发现门把手的质量会更高,用的材料会更好,这不是坏事。然而不幸的是,拿它们与目前的型号相比,客户根本看不出其中的差别。所以,光有质量还不够。

有一天,他终于想到了一个解决方案。当时,他拿了很多小册子到公司餐厅去翻阅。"累了吧,年轻人?"一位年长的收银员问他。"是的,"热姆回答说,"可我还是要把这些都看完。""那一定很无聊。"收银员说,"那些门把手看起来都一样。"

"它们确实看起来都一样,"热姆说,"问题就出在这里!"

公司从来没有在门把手的设计上花费心思。于是,热姆带领他的团队,与艺术家和设计师合作开发了新式的、与众不同的门把手原型。客户对其中大约二十款设计反响非常热烈。带有设计感的门把手不仅将甩掉滞销的帽子,而且还将为公司带来高额的利润。

即使是对营销工作持怀疑态度的首席财务官也非常喜欢这个方案,并对推出这样的新产品表示了支持。不过他也警告热姆说:"这里的老家伙和其他很多人并不喜欢这么做——他们只看重质量,别的都不在乎。"

首席财务官的话让热姆停了下来。如果这么做没有错,事实也明白无误,但高管们就是不愿意这么做,那该怎么办呢?这时,有朋友建议热姆写一个故事。这是一个关于品牌的激动人心的愿景,它既能呈现事实,又能抓住人们的心,能够让他们有机会成为这一愿景当中的一分子。下面是热姆的故事梗概:

"我们的门把手是人们回到家时碰到的第一件物品,也是他们离开家时碰到的最后一件物品。几十年来,我们的产品已经被数百万人所使用。今天,让我们再一次成为客户的第一选择。虽然我们不能在价格上竞争,但是客户告诉了我们如何取胜,这就是——让质量成为我们的标志,让独特的设计成为我们的新亮点。因为一旦我们这样做了,客户就会说:'我想要的门把手就是这个样子——它握起来很舒服,看上去也美极了。'价格将会是次要的考虑。我需要你们的想法来再次制造出最好的、最吸引人的产品。让我们一起书写历史。让我们的门把手重新成为人们的首选。"

热姆的故事奏效了。"让我们的门把手重新成为人们的首选"成为响彻公司的一句口号。全公司的同事也开始认同热姆的愿景。他描绘的光明未来甚至说服了公司的老板决定尝试走设计路线。

新设计的产品获得了极大的成功。不到两年,本已举步维艰的公司就彻底扭转了颓势。公司甚至举办了设计师大赛,并且售出了数款限量版的豪华门把手。自从热姆讲了关键的品牌故事以来,带有设计感的门把手长期成为一种行业标准,众多竞争者争相效仿。如果没有热姆和他令人信服的故事,后面所有的事情很可能都不会发生。

CHAPTER 02　发动你的同事

在大多数组织里，最高决策者的决定并不一定会成为现实。例如，一项新的服务，它要求服务团队、销售团队和运营团队的员工共同努力。可是，有些人却可能对此持怀疑态度，甚至还有人想抵制新的做法，即便最高管理层想要这么做。

作为一名营销管理者，如果你的同事不愿听你讲话，你就证明不了任何事情。不过，你可以给他们讲故事——一个能够进入他们头脑和心灵的故事。这种深入人内心的故事能够发动他们采取行动。

人们希望领导者能够给予他们希望、自豪感和美妙的设想。你正在处理一个"大问题"来拓展"价值区"。你需要同事与你勠力同心。你要用故事来发动他们。

为了更好地为客户服务，你要找一个故事来帮助你发动同事。以下是关于如何找到这类故事的一些提示。

4.1　心灵、头脑与方法

那么，如何才能写出一则激动人心的好故事呢？答案是，你要在故事里注入三大元素——心灵、头脑和方法。

心灵：一幅鼓舞人心的愿景。 正如拿破仑所说："领导就是售卖希望的人。"最好的故事能够描绘出一幅既美丽，又可能实现的未来图景。

确保你的故事里包含一个能够激发共鸣的伟大愿望。在这个关于门把手的案例里，这个愿望就是"重新成为人们的首选"，就是"书写历史",就是人们到家和离家时接触产品的生动图景。类似这样的故事能够让人们浮想联翩。

但是要小心的是,如果故事太过离谱,人们可能很快就会对你的想法嗤之以鼻。要想发动他人,你的愿景就不能只要激动人心,它还要可以达成。

头脑:可信的证据。人们可能会不同意你的观点,但是没有人会真心反对你的客户数据(最多只是暂时不认可)。

总会有人反对。为了说服他们,你必须有可靠的,最好是来自客户的证据,以此来表明你的愿景是可以实现的。热姆使用了客户对测试产品的反应来支持他的观点——"我想要的门把手就是这个样子。"

方法:你的同事该怎么做。假设你在听一位领导者讲述他的愿景。很快你就会想:"这跟我的工作有什么关系?你要让我做什么?"你要确保你讲的故事能够回答这样的问题。

热姆向团队展示了赢得胜利的方法(通过质量与设计的结合),并通过下面的话来鼓舞他们行动:"我需要你们的想法来再次制造出最好的、最吸引人的产品。"

我这里还有一个值得借鉴的例子。在伦敦一家叫作 Gitane 的小型餐厅吃完饭后,你会收到一张账单,上面写着:"爱他们,就为他们做美味的食物。"鼓舞人心的故事也可以写得如此简短。

4.2 尽可能使用客户的语言

作为一名营销领导者,在公司里你代表客户的声音。你要确保自己像客户那样说话。

不要说,"这个电视广告不符合我们的品牌准则";而要说,"作为一名客户,我会感到困惑,因为这个电视广告看起来不像我们以前的广告"。

不要说,"我们的产品库存单位(SKU)太多,分得太细";而要说,"作为一名客户,想找到我要的东西太花时间了"。

甚至不要说,"我们需要更清楚地显示我们的服务收费";而要说,"作为一名客户,我讨厌包含隐性消费的账单"。

你应该可以明白了。

你可能还会惊讶地发现,使用客户的语言讲话其实非常容易,而且在你这样做的时候,你浑身上下也会充满感染力。

你必须回答的关键问题

要想发动你的同事,你首先就要准备一则鼓舞人心的客户故事。找到这样一则故事会对你的业务影响力和职业成就产生巨大的推动作用。

◎ 你的激动人心的客户故事是什么样的?它要能直击同事们的心灵和想法,同时还能帮助他们理解要如何提供支持来拓展"价值区"。
◎ 在公司内部交流时,你是否在使用客户语言?你发出的是客户真实的声音吗?

你也可以在下面的网址下载这些问题:
www.marketingleader.org/ download

第 5 大原则
走出你的办公室

核心问题 我如何才能把大家发动起来？

发动同事拓展"价值区"不是一劳永逸的事情——你要不断地这样做。你不可能只发送一封鼓舞人心的电子邮件，然后就万事大吉了。不是这么简单的。为了发动同事，你必须走出办公室，分享你的想法，倾听大家的质疑，然后一同寻找解决方案。你要在每一周里、每一月里、每一年里都这样做。

我们来看一些营销领导者是如何来发动他们的同事的。我们将从新闻集团（News Corp）澳大利亚公司市场总监埃德·史密斯（Ed Smith）说起。

2010 年初，埃德不得不面对一个重要的问题。公司拥有全球约 200 家报纸，如《华尔街日报》《纽约邮报》《泰晤士报》和《澳洲人报》。但是，所有这些标志性的报纸都面临着同一个严峻的形势——广告和订阅收入快速下滑。因为读者和广告商正在转向免费的数字新闻。由于记者采写报道成本高昂，收入的下降就对这些报纸的生存构成威胁。但是，这也只是问题的一小半。新闻集团是一个高度分散的企业，编辑和不同分部的首席执行官拥有非常大的自主权。所以，集团层面并没有出台措施来提高营业收入，每家报纸只能自己去想方设法保持盈利。

管理层认为，为了生存，公司得开始让客户为线上内容付费。因此，埃德的工作就是在澳大利亚市场（新闻集团的核心市场）引入付费内容，以此来阻止营收上的损失，同时继续维持对高质量的新闻内容的投入。

埃德回忆说："最初的阻力十分巨大。各位首席执行官都感到非常紧张，他们害怕支付这堵墙会把读者挡在外面。记者也担心稿件的质量也将由多少人付钱来衡量，而不是稿件本身的好坏。我们必须首先制订一个共同的目标。"埃德与主要决策者开了一系列会议。每次开会时，他都会首先讨论公司的使命。众人一致认同，作为一家新闻机构，他们重视那些监督企业、政治家和其他人为自身行为负责的新闻报道。高品质的新闻报道是民主社会的基石，公司必须想方设法继续在这一方面投入资金。对话就这样一次次地进行着。

后来，埃德听取了这些领导者们的意见和想法。在这些信息的基础上，以及在高级记者和其他专家的支持下，他推动了内容付费模式的开发。

不过，他没有就此松懈下来宣布胜利，而是再次做足准备，回过头去与各位领导者展开了更多的对话，解释了他们的想法以何种形式被纳入了最终的模型，如果没有被纳入，又是因为什么。

CHAPTER 02　发动你的同事

从一开始的怀疑和不信任，到付费数字业务模型项目的顺利发展，再到最后付诸实施，公司取得了巨大的成功。特别是《澳洲人报》——新闻集团在澳大利亚的优质商业出版物，它甚至成为整个集团和业界的榜样。

"关键是要跟每一个人见面，"另一家集团的首席营销官说，"不是通过打电话，也不是通过发送电子邮件。要想激励他人，你必须跟他们坐下来，聊聊你对未来的设想，听听他们遇到的问题，然后鼓励他们出谋划策，找到解决方案。"

营销管理者在公司里拥有全部发言权的那一天永远都不会到来。所以，你的工作中就少不了要去发动你的营销部门之外的同事，以此来让最佳的营销策略（那些显著拓展"价值区"的策略）得到支持和实施。要达到这个目的，你就必须走出自己的办公室，去与影响（直接地或间接地）用户体验质量的所有团队的领导者交谈。而这一定会涉及很多人，特别是在大公司。如何开始行动呢？嗯，你为什么不下周一就开始这样做呢？

在我们的核心研究中，"走出你的办公室"是影响高级营销管理者业务影响力（相对贡献度为13%）和职业成就（也是13%）的最深刻的因素之一。

尽管这一点非常重要，但很少有营销领导者这么做过。

我们的高级营销管理者中只有52%的人认为他们有效地发动了同事，或者主动树立了良好的榜样。

深度营销

对营销管理者业务影响力和职业成就的贡献度

业务影响力	走出你的办公室（13%）
职业成就	走出你的办公室（13%）

> 不同领导行为对营销领导者业务影响力和职业成就的相对贡献大小可以表示为每一种领导行为的贡献度占据神经网络模型中所有领导行为的贡献度的百分比，样本数量：1232。
>
> 在我们的研究中，"走出你的办公室"主要指激励他人行动和以身作则的行为。其他相关的行为和个性特征如外向性、认知开放性、了解自己对他人的影响和情绪稳定性等只显示出非常微小的影响。
>
> *市场营销人员 DNA 研究，巴塔和巴韦斯，2016 年（The Marketer's DNA-study, Barta and Barwise, 2016）*

我们在 360 度数据库中发现了另一个问题：只有 59% 的上司表示，他们的营销管理者擅长发动他人。而且，只有 56% 的上司认为，他们的营销管理者努力以身作则。这两个数字都低于上司对其他部门领导者的评分，不过差距并不大。

营销管理者的直接下属如何看待这一点呢？这些直接下属中有 61% 的人认为他们的领导者擅长发动他人（这比营销管理者的上司们所想象的好一些）。但是在树立榜样方面，只有 49% 的人认为他们的营销领导者做得不错（这一数据又一次低于其他部门领导者的平均水平）。

总结一下：走出办公室发动同事，是营销领导者成功最大的驱动力之一。营销管理者认为他们不擅长发动他人，他们的上司和直接下属也这样认为。

可以说，提高的空间非常广阔。走出你的办公室并不难做到，只要你持之以恒地努力。

首先，你必须接受一名营销者的核心职责是发动同事。其次，你必须准备一则深入人心的故事，并能把它关联到一个深思熟虑的营销策略上去。最后，你必须投入时间和精力走出办公室。

作为一名营销领导者，你是发动客户的专家。你要利用这一优势来发动同事！

下面是发动同事的一些技巧。

5.1 始终如一地反复分享你的客户故事

正如我们在前面讨论的那样，准备一则有感染力的故事是非常重要的。但是，你的故事不能只讲一遍。为了确保人们明白你的意思，你必须始终如一地反复分享你的故事。

你会惊讶地发现，不少营销管理者很难讲出前后一致的故事。如果信息总是变来变去，就会产生很多问题。

在所有的行为、技能和人格特质中，我们的高级营销管理者们在"认知开放性和创造力"方面对自己的评价最高。

认知开放性和创造力是非常有价值的人格特质，它们能帮你开拓创新，解决疑难问题。

但是，认知开放性和创造力不好的一面是，它们有可能让你讲起话来没有重点。一些首席执行官，还有一些营销管理者告诉我们,他们非常希望他们营销部门的同事能够更加精练地讲话。

就像品牌传播一样,向你的同事传达强有力的、一致的精要信息是关键。

一旦你认清了"价值区"内的"大问题",这时就要准备你的内部客户故事(即你与同事所分享的愿景)。然后,你要始终如一地重复讲述这个故事,一遍接着一遍。

为了更确切地阐述我们的观点,我们来聊聊索尼爱立信(Sony Ericsson)的前首席营销官史蒂夫·沃克(Steve Walker)。

21世纪初(在智能手机风行之前),索尼爱立信的手机业务正逐步陷入停滞。当时有太多的竞争对手都在出售类似的产品。

然而,时任产品营销负责人的史蒂夫和他的主要合作伙伴、产品开发负责人坂口理子(Rikko Sakaguchi)有一个想法:为什么不把索尼的标志性产品随身听跟手机结合在一起呢?实际操作上,他们准备在即将推出的手机型号上添加音乐播放软件,同时借助家喻户晓的随身听(Walkman)品牌将这款手机的音乐功能传达给客户。

史蒂夫和坂口理子与同事们分享了这个愿景。但是交流起来太困难了。史蒂夫说:"所有人都告诉我们,'太难,太复杂,太贵。'"开发和法律方面的问题多如牛毛,无法解决,这就是他们得到的回应。

史蒂夫没有选择放弃。史蒂夫说:"一年多来,我们抓住每一次机会向人们展示我们的梦想,以及产品和品牌将会是什么样子。"凭借坚持不懈地努力,他们逐渐消除了众人的怀疑。

2005年,W800随身听手机上市,立即大获成功。在高峰时刻，这款手机贡献了索尼爱立信在全世界25%以上的销售额。

经验：走出你的办公室，让你的愿景保持一致，不要放弃。引爆点可能就在拐角处。

5.2 聆听、决策与沟通

通常情况下，你所发起的营销项目并不会获得组织里所有人的充分认同。你如何发动同事来引发深刻的改变呢——哪怕这一改变并不受欢迎？

这时，你可以使用你的秘密武器——聆听、决策和沟通。我们将分别讨论每一个步骤：

⊙ 聆听

首先，找到可能会受到巨大影响的关键人物，简要总结营销活动的总体目标（而不是项目的具体细节）。然后，静静地聆听对方的意见。

聆听不仅仅是要听得一字不漏，你还要理解对方的意思。曾担任通用磨坊首席营销官的马克·阿迪克斯谈到他所得到的最好的建议时说道："谦虚，做一个善于聆听的人。这里的'听'实际上说的是'观察'。一位同事说，'注意对方。注意他们的身体语言。注意他们的专注程度。'"

聆听的时候，你要特别了解以下四件事：

1. 事实（对方对事实的理解是什么？）
2. 感觉（对方对这件事的感觉如何？）
3. 看法（对方认为怎样做是好的？）
4. 预想（对方认为实际会出现什么样的结果？）

为了之后不至于忘掉你所了解到的重点事项，一定要做笔记。结束谈话时，把你听到的内容重述一遍。然后，告诉对方你下一步打算做什么，以及何时会再来讨教。

⊙ 决策

一旦你了解了所有的情况和看法，你就要决定如何行动。在一些组织中，这就意味着要把需要做出正式决策的领导者召集在一起，就像新闻集团澳大利亚公司市场总监埃德所做的那样。无论采用什么样的方式，最终要形成决策。

⊙ 沟通

再次拜访先前拜访过的所有人，把已经做出的决定告诉他们。让他们知道，你已经尽己所能来解决他们的问题。如果你没有选择他们偏爱的方案，那么就要解释清楚为什么没有这样做。更关键的是，你要让他们知道，他们的意见得到了认真地倾听和考虑。面谈结束时，你要感谢他们做出的贡献，并寻求在决策的执行中获得他们的支持。

CHAPTER 02　发动你的同事

我们来看看，英国电信（BT）前营销总监戴维·詹姆斯（David James）如何凭借"聆听、决策和沟通"取得了极大的成功。

每当戴维确信某个想法是正确的时候，他总是会没完没了地去说服他人赞同自己的想法。有一天，他甚至当着整个管理团队的面，与营销部门外一位与他同级的同事发生了争吵。戴维虽然赢得了这次争吵，但结果却非常严重——公司对市场营销活动的支持减少了，别的部门也来找麻烦。用他自己的话来说，这是"一个就算你说对了也无济于事的经典例子"。

随着时间的推移，戴维逐渐了解到，更多地聆听他人的想法，考虑他们关心的事情，与他人结成合作关系才能使自己获得更好的结果。

验证这一点的绝佳时刻到来了。2013年，英国电信推出了一个新的电视频道——英国电信体育频道（BT Sport），它拥有英超联赛和欧冠联赛的赛事版权。

领导团队预计英国电信体育频道将在八月份，即英超联赛开始前进行主要的市场推广。但戴维和他的团队有不同的想法。为了领先于竞争对手，他们想改变这一时间，在五月份就展开大规模的推广。

毫无疑问，这项大胆的提议遭到了最高管理层的质疑。这时，营销团队决定走出办公室。他们一个接一个地与同事见面，一遍又一遍地讲述他们的愿景，提供支持性的数据，同时听取反馈，调整他们的方案。

营销团队让所有的人参与方案的设计，而不是把自己的想法

"推销"出去。他们赢得了一个又一个关键决策者的支持。

方案获得了批准,英国电信体育频道的大规模营销活动让竞争对手措手不及。当他们做出反应的时候,英国电信体育频道已经势不可挡,仅仅一年时间就签下了五百多万名客户。

戴维表示,这次能够在公司里获得广泛支持,关键在于:"我们不是告诉人们该做什么,而是提出一个想法,让大家一起来完善,最后分享成功。"

在发动同事方面,"聆听、决策和沟通"是最有效的做法之一。

5.3 跨部门合作

我们每个人都想成为英雄,但是有时候,成为英雄的最佳途径是分担责任和分享荣誉。对营销管理者而言,邀请其他部门的同事加入你的项目,是在很短的时间里取得更大成绩的不二之选。

只要情况允许,你就可以邀请其他部门的同事加入你的项目。你将在全公司建立起更强有力的人际网络,同时激励其他部门同事与你协力解决"大问题"。

5.4 说出"房间里的大象"

走出自己的办公室后,你需要确保你说的话是有意义的。也就是说,你不能回避问题。你要把问题辨认出来,然后加以解决,特别是其中最严重的问题。

每家公司都有一些潜藏的巨大问题，没有人敢触碰。这就是谚语里所说的"房间里的大象"。

不去触碰"房间里的大象"有很多种原因。也许问题太大了，人们觉得不可能解决；也许直面问题会显得特立独行，与组织的氛围不相符；也有时候，人们不谈论"大象"，是因为他们不想让别人觉得自己消极负面。

但是，如果你不去尝试解决，或者至少说出"大象"，那么，你想要做的事情一开始可能就无法推进。

在美国、荷兰和以色列等崇尚坦率的文化中，人们更倾向于直接表达："有一个问题，我们得谈谈。"但是，我们的客户中也有讲究等级和礼节文化的领导者，他们知道如何用间接的方式来谈论最严重的问题。

你想用一种聪明的方式来说出"大象"吗？你只需问大家："要想让我们的计划取得成功，我们首先要具备什么样的条件？"让他们把所有重要的条件都列出来。然后再问："我们如何才能具备这些条件？"接下来的讨论将不可避免地、自然而然地转向"大象"。而且，你还要以一种推动事情向前的积极方式来表达。

说出"大象"并不意味着你总是能够解决它。但是一旦说出，你至少可以找到工作的方向。

5.5 租一台"推土机"

你已经走出了自己的办公室，并始终如一地反复讲述了你的想法，你也聆听、决策和沟通了，招来了其他部门的人员，说出了"大问题"并开始解决它。你已经建立了最广泛的共识。最后,你决定推进你的重要项目。

对于这些重要项目和决策,你需要得到他人的支持。在这种情况下,你要将高级领导者们组织起来,建立一个"战时内阁"——他们会像推土机一样,帮助你扫除障碍,推动项目的发展。

我们的一些客户与他们的"战时内阁"达成了定期电话或现场会议机制。另一些客户要求他们的"内阁成员"24小时或48小时随时待命。

只有在不得已的情况下,你才能动用"推土机内阁成员"。但是,当你确实需要这样做的时候,你要对问题加以解释,同时重提已经达成一致的方案。如果没有强有力的新证据表明以前的决策是错误的,那么所有人都应该服从于既有的决定。

5.6 巧妙应对"我们也应该"

每个人似乎都有一套营销工作该怎么做的想法。当一位高层领导者告诉你说:"X公司赞助了一支足球队,我们也应该这样做。"或者,"Y品牌的脸书有几十万粉丝。我们也应该达到相当的水平。"这时你会怎么回应?

你越经常走出自己的办公室,你越容易遇到类似的问题。在处理"我们也应该"的问题时,你要保持耐心和礼貌。尽力把你听到的想法看作有用的建议。至少,这表明他们关心公司的事务,而且有些意见确实有价值!作为公司营销预算的监护者,你要让对方拿出证据，证明这么做有可能取得什么样的结果。如果这样的证据不存在，你或许就可以迅速地把对方的意见抛诸脑后。

如果某一条"我们也应该"的建议可能会使你的营销效果打折扣，你就要坚定地表示拒绝，同时解释你为什么不改变目前的决定。

最重要的一点是，你要习惯它的存在。下一条"我们也应该"很可能就在拐角处。

5.7 不吝赞美

实现阶段目标或重大进展时，你一定要庆祝一番。公开感谢那些做出了巨大贡献的人。收集包含有关贡献者在内的成功故事，并在整个组织内传扬，让核心管理层也听到。

不过，你可能也得注意避免自夸。虽然我们的研究告诉我们，营销领导者喜欢成为关注的中心，这没什么。但你要记住，营销领导力的本质是激励他人。

你是领导者，项目成功了，功劳自然会是你的！

你必须回答的关键问题

为了发动你的同事拓展"价值区",走出你的办公室是你必须要做出的努力。它是业务影响力和职业成就的重要推动力,也是大多数营销管理者可以显著提升的方面。你该怎么做呢?试着回答下面这些问题:

- 你是否经常讲述同一个简单而且前后一致的、关于客户的愿景故事,以至于很多同事都能复述出来?
- 你有没有走出自己的办公室——聆听、决策和沟通?
- 你的项目团队中有来自其他部门的成员吗?
- 你有没有说出阻碍公司成功的"大象"?
- 如果你的重要项目受阻或陷入困境,你是否有"推土机"来帮助清除障碍?
- 面对"我们也应该"的建议,你有没有礼貌地询问这么做的依据?
- 你有没有表扬、赞美他人?你是否经常地、公开地这样做?

你也可以在下面的网址下载这些问题:
www.marketingleader.org/ download

第 6 大原则

以身作则

核心问题 我怎样用身体力行的方式拓展"价值区"?

不论你的故事有多么精彩,只有获得了切实的成果,你才能成为一名成功的营销领导者。

可以说,以身作则是营销领导者职业成就的一大驱动力(相对贡献度为 12%)。同时,它也是你的业务影响力的一大来源(相对贡献度为 6%)。为什么呢?

原因很简单:能够显著影响营销管理者职业发展的最高决策者更注重实际成果,特别是收入和利润的增长。没有哪一个抽象概念、故事或计划能够与硬性的业务成果相媲美。你说的话,你做的事越能影响收入和利润,你在公司里就越能得到认可。你创造的成果越多,追随你的同事就越多。

对营销管理者业务影响力和职业成就的贡献度

业务影响力	以身作则（6%）
职业成就	以身作则（12%）

> 不同领导行为对营销领导者业务影响力和职业成就的相对贡献大小可以表示为每一种领导行为的贡献度占据神经网络模型中所有领导行为的贡献度的百分比，样本数量：1232。
>
> 在我们的研究中，"以身作则"主要是指这样的行为：一是有明确的行动计划来推进业务，二是能够向同事展示营销工作对业务的影响。
>
> 市场营销人员 DNA 研究，巴塔和巴韦斯，2016 年（The Marketer's DNA-study, Barta and Barwise, 2016）

你正在引发转变，你的工作非常重要……而且，你要让同事看到这一点。

我们来看看，一家电信公司的营销领导者格雷格[①]是如何向公司中的所有人展示他对公司业务的推动的。

一天，格雷格工作到很晚，走廊对面的电话响了起来。他瞥了一眼显示屏，看到是一个外部号码，所以用正式的语气问候道："晚上好，我叫格雷格。我能帮上您什么忙？"

"终于！"对方回应道，"你们所谓的服务热线让我等了22分钟。我等不下去了，所以一直在尝试其他的号码。我现在的问题

---

① 姓名和背景信息均已更改。

CHAPTER 02　发动你的同事

是，我在墨西哥，有人偷了我的手机！我需要明天拿到手机！"

格雷格说："我很遗憾听到这个消息。"他为服务热线的延误表示了歉意，随即记录了来电者的地址，并向他保证，公司将尽其所能帮助他。

实际上，格雷格根本不知道如何在一夜之间把手机发到墨西哥。但他决定解决这位客户的急迫问题。

幸运的是，他发现公司的仓库仍然有人在工作，于是放下电话不到一小时，他就把手机发了出去。

第二天，格雷格几乎已经忘记了这件事，社交媒体团队的同事却突然告诉他："你现在是推特上的大红人了！"原来，前一晚的那位客户是一位当红的说唱明星，他告诉他的25万推特粉丝电信服务商的"格雷格"如何救了他的命，而且建议人们应该转投这家"酷毙了的公司"。

消息传遍了公司上下。在接下来的几周里，公司里的其他同事也试图通过打破常规的方式来留住客户，成为像格雷格那样的英雄。

格雷格赢得了一位忠诚客户的心，也为公司赢得了极好的口碑，同时，他也在公司内部发起了一场打破常规服务客户的行动。

那么，你如何通过以身作则来发动同事呢？

6.1 发起一项行动

如果你有一个好的经营理念，为什么不以它为基础发起一项行动呢？说出你的想法，说明具体怎么做，然后，关键的一步是，找到第一个追随者。

蒂娜·穆勒（Tina Müller）原来是化妆品公司汉高（Henkel）的营销主管，后来她成了通用汽车欧宝公司的首席营销官。发起一项行动的做法使她在汉高获得了极大的成功。

蒂娜推出了美发品牌丝蕴（Syoss），包含由专业美发师开发的一系列消费品。一开始，丝蕴品牌的影响力只局限于美国市场。公司的其他区域经理对这一品牌在美国以外地区的增长潜力持怀疑态度。然而，蒂娜设法说服了俄罗斯地区的区域经理，后者在那里大胆推出了丝蕴品牌，也成了她的第一个追随者。这项计划成功了，先前的怀疑者也在一夜之间变成了追随者。现在，丝蕴已经成为享誉全球的大品牌。

一项行动始于一位领导者勇于冒险，尝试新的做法，并展示其效果。然后，他（她）还要找到至关重要的第一批追随者。

如果你想在你的组织中发起一项行动，那么请考虑以下三个步骤：

步骤1：问你自己——我的行动是什么？寻找一个贴近客户心思的理念。不过，这一理念还要在你的组织里拥有广泛的发展潜力，例如某种服务客户的新方式，或者某种新产品。如此一来，你就进入了"价值区"（见第1大原则——只处理"大问题"）。

步骤2：勇于展示你的想法。作为一项行动的领导者，你必须以身作则。告诉大家，你的想法如何在实际中操作。当一二一通信公司的迪伊·杜塔有了预付电话费的想法时，其他人都不看好。但是迪伊行动了起来，通过成功的测试证明了他的想法。最终，预付电话费的做法改变了整个行业。首先行动是有风险的，但是，作为一名领导者，你需要勇于承担风险。而且这样做了之后，大多数人都会尊重你。

步骤3：找到至关重要的第一批追随者。一旦你说出自己的想法，你就要把注意力放在寻找第一批执行这一想法的追随者上面。就像2009年的北美野人户外音乐节的情况那样。当时第一个人开始跳舞——虽然笨拙，却很兴奋。数百名观众很好奇，"那家伙到底在干什么？"过了一段时间，另一个勇敢的人也加入了进来。不过，其他的人仍然只是旁观。接下来，第三个人加入了。这是一个临界点。几分钟之内，人们都争先恐后地加入了进去，生怕自己被落下。找到第一批追随者的能力是被低估了的领导技能，它实际上非常重要。

虽然你无法主导一切，但是你可以发起一项行动，以此来激发其他人展开行动，把你的想法付诸实践。

6.2 尽快进行小规模测试

发起一项行动时，向上司和同事展示成功的测试结果要比详尽的营销方案更有说服力。

如果你在解决某个"大问题"方面有自己的见解，那么就尽早开展小规模的测试来证明这一点。

一家美国口香糖生产企业的营销负责人发现，在亚洲，客户喜欢购买40—50粒装的口香糖。但是在欧洲，最大的口香糖包装只有10粒。他的同事们认为，要改变欧洲客户的消费习惯是不可能的。于是，他开展了一项小规模的测试，成功说服了质疑他的同事们。今天，40—50粒装的口香糖产品已经非常普遍，而且还成了公司的主要利润来源。

同样的情况，日本电信巨头软银（Softbank）营销情报部门总经理斋藤清（Kiyoshi Saito）帮助设计了家庭套餐和一项新的话费分期付款计划，为公司赢得了多年来最为庞大的一批新用户。不过，这些做法都是从一个小规模的测试开始的。

一旦见到这样做可以成功，人们就会联合起来，让成功进一步放大。

6.3 深入第一线

当上司看到你正在为公司增加营收而奋勇拼杀在第一线时，你更有可能在职业发展上获得成功。在他们眼里，你是一个充满号召力的人，一个渴望撸起袖子干一番事业的人。

让上司关注你的方法之一是深入第一线。怎么做到这一点呢？

拿起电话，与投诉的客户交谈。花几天时间，跟销售团队一起打拼。到门店里工作，帮助销售。

据了解，一家超市集团的董事会成员每年都会花费长达一周的时间摆放货品，或者在收银台为客户服务。

深入第一线并不总是一件容易的事。但这么做可以让你亲身体会一线员工和客户的心理状态，也可以让你实地了解哪些措施管用，哪些措施不管用。

同时，这么做也能让一线员工知晓，你认可普通员工在创造价值方面的重要作用。

6.4 使用客户语言和商业语言（而非营销语言）

英国卡米洛特（Camelot）彩票公司前首席执行官安迪·邓肯（Andy Duncan）尖锐地批评许多营销管理者道："'市场营销'这个词常被人误解，很多营销管理者都在使用其他董事会成员根本听不懂的术语，结果导致他们很不受重视。"

你需要走出自己的办公室，同时你也得说别人能听懂的话，使用其他部门同事可以理解的词语。

你的目标是帮助公司拓展"价值区"。所以，你要使用客户语言和商业语言。

你所能使用的最佳语言类型是客户语言。换句话说，你要谈论客户谈论的事情，还要使用他们的表达方式。

你的次优语言类型选择是涉及公司营收或盈利的语言。例如潜在客户、市场份额、产品成功率和毛利率等等。

正如新加坡邮政集团（Singapore Post）前首席执行官沃尔夫冈·拜尔（Wolfgang Baier）所言："最受尊敬的营销领导者总是用营收来说话。"

通过分享激励人心的愿景，走出你的办公室和以身作则来发动你的同事，这是你作为一名营销领导者每天都要花费一定的精力去做的事情。

现在，我们来看看如何通过发动直接下属，也就是你的团队，来拓展公司的"价值区"。

你必须回答的关键问题

会说是好事，而会做能明显推动业务，则更为可贵，特别是对你的职业发展而言。为了发动你的同事，你要想方设法证明你的行动能够拓展"价值区"。这往往意味着，你要以身作则，让可能性真实地呈现出来。

◎ 你如何通过以身作则和找到至关重要的第一批追随者在你的组织里发起一项行动？
◎ 你正在通过小规模的测试来证明你的想法吗？
◎ 公司经营的第一线能否见到你的身影？你的行动能够产生直接的影响吗？
◎ 你在用行动说话（而不是用概念和理论说话）吗？

你也可以在下面的网址下载这些问题：
www.marketingleader.org/ download

03
CHAPTER

发动你的团队

功成事遂,百姓皆谓我自然。

——老子

第 7 大原则
合理配置人员

(核心问题) 我要如何合理配置人员来拓展"价值区"?

所有营销领导者的首要任务就是要打造一个有凝聚力的、能够解决关乎客户和公司"大问题"("价值区"内的问题)的营销团队。这一团队应当才华横溢,不仅能够对公司外部的营销人才形成强大的吸引力,也能充当公司内部的人才库。

如果在阅读这本书的过程中,你一直想知道各种营销技能所能发挥的作用,那么现在你就可以知道了。建立一个营销和领导技能配置合理的优秀团队是成功的关键。但是,正如我们即将向你展示的那样,对很多营销管理者来说,合理配置团队技能并不是一件容易的事。

21世纪的市场营销正在遭受技能短缺危机。此外,人们对各项技能重要性的认识也非常模糊。特别是,我们对数字和数据技能的充分重视,往往意味着我们对其他重要领域的忽视。

尽管数字媒体和数据营销蓬勃发展,战略营销的基本功能和性质并没有改变。

与首席执行官的优先事项和整体战略保持一致；选择合适的目标市场和客户；了解客户需求；提供品质更好、更方便客户使用的产品和服务；形成有魅力的、有成效的品牌传播；设定合理的价格；找到正确的分销和客户支持模式。所有这些事项仍然是赢得和留住优质客户的核心。

同样地，如何发动营销部门之外的同事来最大限度地拓展"价值区"，推动长期经营绩效（即我们在上一篇讨论过的所有内容），这一点也没有发生实质性的改变。不过，战术性的营销手段和渠道正在不断演变。虽然一些传统的营销方法（例如电视广告）并没有太大的改变[1]，但数字革命正带来日益丰富的全新营销方式来理解、定位、影响和支持客户（社交媒体、移动通信、大数据等）。

营销部门正变得越来越注重分析，所面对的工作也越来越复杂，这使得营销管理者在技术和管理上面临巨大的挑战。你需要决定运用哪些营销手段，以及如何在人员结构和技能配置方面将这些手段结合起来。例如，如何才能最大限度地优化数据分析团队、市场研究团队、外部技术分析供应商和营销决策者的技能配置，以及调整他们之间的关系？

78%的首席营销官认为未来的营销工作更为复杂，但是只有48%的人表示他们已经做好了应对的准备。虽然所有的业务职能都

---

[1] 当然，即使在这一领域，变化也依然在发生。例如，在线观看等不同类型的可寻址能力正在发展。但是，这一变化实际上是雷声大，雨点小。如果30年前的人穿越到现在，他们也很难发现今天的电视广告在功能和性质上与过去相比有什么不同。

在面临数字技能的挑战，但市场营销职能所面临的挑战尤为严峻。

另外，数字转型是首席执行官们的一大重任。他们都期望自己的高级营销管理者能够在其中发挥重要的作用。

今天，许多营销管理者面对不断出现的战术性营销机会时，会感到不知所措。与此同时，如今也有更多的书籍、文章、会议、研讨会和博客来帮助他们充实技术性的营销知识和提升技能。

然而在很多情况下，学习新技能需要消耗很多精力，以至于营销管理者没有太多时间来完成自己的主要任务——提出并实施创意，以此来推动"以客户为中心"的创新，同时推动营收增长。

对于所有的营销领导者来说，他们自身的营销技能和团队成员的营销技能都存在不足。

当你刚进入营销行业时，你的首要任务是从技术上提升你自己的营销技能。但是，一旦你开始领导其他营销人员，你的角色就会改变。这时，运用正确的方法和人际技能来招聘、培训和激励人才就变得越来越重要。这些人际技能包括倾听、合作、坚持等等。在没有密切监督的情况下，最好的团队也会鼓足干劲，做出稳定而优异的业绩。

许多营销管理者发现，从营销专家到营销团队领导者的转变似乎非常困难。为什么？因为他们习惯于处理细节。随着工作节奏越来越快，工作内容越来越复杂，他们感到难以应付。所以，他们很难把注意力集中在全局上，也很难将执行细节授权给团队里的技术专家来处理。

1945 年罗杰斯（Rodgers）和哈默斯坦（Hammerstein）的音乐剧《旋转木马》（Carousel）中的插曲《你永远不会独行》

CHAPTER 03　发动你的团队

("You'll Never Walk Alone")用来描述营销领导者的工作体验,再合适不过了。想想看:你想改变同事所创造的用户体验,而其中的大多数同事并不在营销部门工作。你不可能独自做到这一切。实现这一目标的唯一途径是成为"领导者中的领导者"。不要只建立一个支持团队,你还要建立一个由营销领导者组成的、有动员能力的团队,以此来帮助公司拓展"价值区"。

在这里,我们将深入探讨如何组建一个技能配置合理的团队,同时确保团队成员团结一致。在接下来的内容里,我们还会为你介绍如何指导你的团队以及如何实施绩效管理。这些内容将帮助你打造一支无比强大的营销团队。

对营销管理者业务影响力和职业成就的贡献度

业务影响力	合理配置人员(20%)
职业成就	合理配置人员(7%)

不同领导行为对营销领导者业务影响力和职业成就的相对贡献大小可以表示为每一种领导行为的贡献度占据神经网络模型中所有领导行为的贡献度的百分比,样本数量:1232。

在我们的研究中,"合理配置人员"主要指营销管理者及其团队的分析能力和创造能力,但同时也包括使团队成员团结一致处理公司业务中的优先事项的领导行为。

市场营销人员 DNA 研究,巴塔和巴韦斯,2016 年(The Marketer's DNA-study, Barta and Barwise, 2016)

技术性的营销技能对你的业务成功有多重要?非常重要。在我们的核心研究中，合理配置人员（正确的技能组合和团结一致）是营销管理者业务影响力的首要推动因素，相对贡献度高达20%。

那么，合理配置人员对职业成就的影响如何呢？在这里，它也是营销管理者职业成就的重要推动力（相对贡献度为7%）。

组建一支技能配置合理、上下团结一致的营销队伍并没有想象中那样困难。但是要想做好这一点，你还是要投入大量的时间和精力，同时这也意味着，你可能没有更多的时间来提升技术性的营销技能和更新知识。

下面我们来进一步讨论，如何打造一个技能配置合理的团队来解决"大问题"。此外，我们也会讨论如何让团队协调一致，让所有的团队成员心往一处想，劲往一处使。

7.1 设计正确的技能组合

让我们感到惊讶的是，我们在研究中发现，高级营销管理者对他们自己的技能和团队成员的技能都没有太大的信心。只有60%的营销管理者认为他们拥有很强的理性思维技能和创新技能。而当谈到分析和执行技能（如定价）时，比例甚至更低，直接下降到了49%。

总之，不少营销管理者认为，他们自己和团队成员都不具备相关的技术性营销技能来扩大"价值区"。

是不是我们的营销管理者对自己要求太高了？也许吧。但是，当我们进一步深入探究时，我们确实发现了一些明显的、应当引起营销管理者注意的技能差距。有趣的是，"数字技能"并

CHAPTER 03 发动你的团队

不是其中最紧要的问题。

为了帮助你更好地理解今天的营销管理者所需要的技能,我们做了详尽地分析。首先,我们核算了各种技术性的营销技能对营销管理者业务影响力的重要程度。然后,我们用图表呈现了研究中的营销管理者和他们的团队所拥有这些技能的程度。

在技能分析中,我们的发现十分惊人。

其中,理性思维技能和创新技能(如品牌定位和营销策略)对商业的成功至关重要,而且营销管理者在这两方面的技能都非常强。例如,76%的高级营销管理者都自信地认为,他们和他们的团队成员都是营销策略方面的好手。

然而,分析技能和执行技能(如价格设定和产品创新)至少与以上两项技能同等重要。但是,只有40%的高级营销管理者表示自己擅长战术定价,这里仅举一例。显然,公司所需要的重要技能与营销管理者所掌握的技能之间存在着相当严重的脱节,尤其是在这些更加注重分析的领域。

那么,营销领导者们在社交与数字媒体技能方面的表现又如何呢?在这些方面,营销管理者对自己的评价并不是很高。但是,对于他们在商业上的成功来讲,这些技能也并非特别重要。

你可能会说,在将来,数字技能会变得更加重要。这一点我们赞成。但是,与图7.1中所示的营销领导者在定价技能方面的差距相比,他们在数字媒体技能方面的差距似乎被夸大了。

作为一名领导者,这些发现对你意味着什么?不要太拘泥于我们的数据,你的情况可能与我们研究中的大多数高级营销领导者非常不同。例如,假如你所在的市场上,价格受到了高度监

深度营销

管,那么定价可能就不再那么重要了,而数字和数据技能可能确实是你的团队最需要补足的方面。

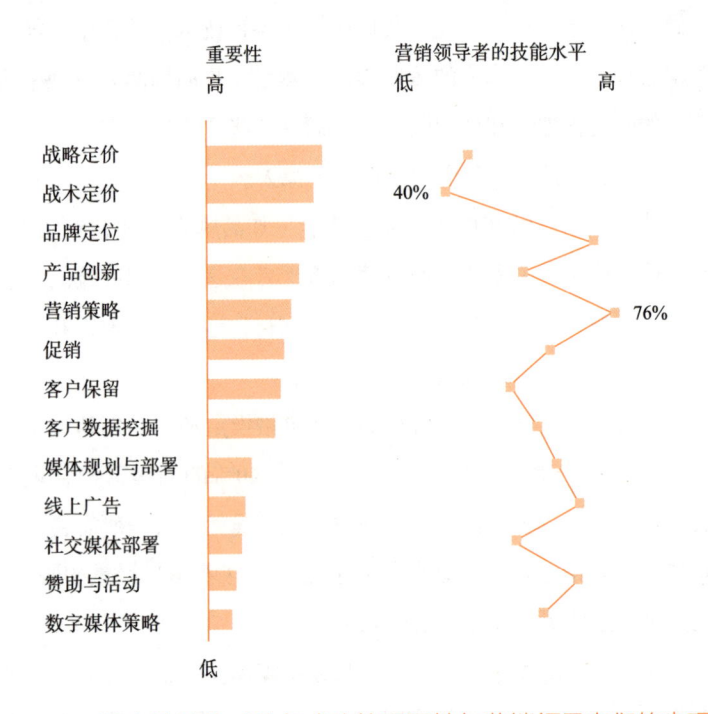

重要性	营销领导者的技能水平
高	低　　　　高

战略定价
战术定价　　　40%
品牌定位
产品创新
营销策略　　　　　　76%
促销
客户保留
客户数据挖掘
媒体规划与部署
线上广告
社交媒体部署
赞助与活动
数字媒体策略

低

图 7.1 技术性技能对业务成功的重要性与营销领导者们的表现

不同技术性技能对推动营销领导者业务影响力的重要性。(单因素组间设计方差分析,$p < 0.01$)

营销领导者对自身和团队成员技能水平的主观感受,表示为选择最高的两个选项的被调查者的百分比。

市场营销人员 DNA 研究,巴塔和巴韦斯,2016 年(The Marketer's DNA-study, Barta and Barwise, 2016)

CHAPTER 03　发动你的团队

这些发现意味着，你需要组建一个有助于你达成目标的正确技能组合的团队。这句话听起来有点婆婆妈妈，但数据显示，这样做的营销管理者少之又少。

重新审视团队的技能结构并做出调整，以此来适应"价值区"事项的要求，这么做能带来业绩的突破。伦敦交通局前市场营销总监克里斯托弗·麦克劳德正是这样做的。

申请市场营销总监这一职位时，克里斯托弗有些犹豫不决。这项工作非常重要，但却包含一个潜在的难点——在复杂多变的形势下改造营销团队。

对克里斯托弗来说，能够担任全世界最繁忙的火车、公共汽车和公路运营集团的首席营销官着实令他兴奋。伦敦交通局的营销活动非常引人瞩目，每天都有从日常通勤者到政府首相等数百万人看到。而且，这座城市即将迎来几十年来最重要的一次大型活动——2012年奥运会。营销总监的任务是为广大通勤者和游客提供正确的信息，以便奥运会顺利进行。

但是，伦敦交通局的营销部门需要重新调整。该部门的营销人员被分作了彼此孤立的多个团队，虽然总体的执行水平还不错，但在步调和配合上往往会出现差池。要想解决"价值区"内的"大问题"，这样的团队是不可靠的。该局的营销负责人还有另一项艰巨的任务——将营销成本削减20%。

当克里斯托弗得到这份工作的时候，调整现有的营销团队就成了他的当务之急。他想知道团队成员都有哪些技能，哪些工作任务有重合，以及团队还缺少哪些技能。他回忆说："工作难度很大。我们不仅要组建人员配置合理的团队，我们还要赶在奥运会

深度营销

之前完成这一调整,让工作步入正轨。"在对整个团队进行深入了解和评估的过程中,克里斯托弗组织了一系列研讨会,并采用标杆分析法,以此来确定营销工作中的关键任务和最优营销结构。

评估过后,克里斯托弗连续多天加班到深夜,最终成功地交出了一份伦敦交通局营销团队的新架构。在这一新架构里,营销部门将是一个统一的团队,他们将横跨交通局的各个部门,进行统一的、高质量的市场营销,以此来拓展"价值区"。

新的团队架构得到批准后(包括工会也认可了这一方案),速度就变得至关重要了。几天之内,克里斯托弗就宣布了团队的新架构,并且展开了几十场讨论会和交流会来帮助担任新职的人员进入工作状态。幸运的是,公司尊重员工的选择,允许他们转岗和自愿离职。不过对许多人来说,这个过程仍然十分痛苦。

新的团队架构一经确立,克里斯托弗的注意力就转移到了鼓舞士气和让团队成员团结一致上面。随着奥运会的临近,他必须确保所有人都充分关注即将到来的重大任务。克里斯托弗四处巡视,反复谈论新架构和奥运会的重要性。"我们必须强大。"他解释说,就像运动员奔向终点那样,伦敦交通局的营销部门也正在向这场盛会冲刺。

克里斯托弗的工作很有成效。在员工调查中,新团队在"协作""服务客户更周到"和"团队支持"等方面得到了普遍肯定。成本虽然降了下来,但营销的效果并没有遭受损失。而且,由于在奥运会的营销工作中表现出色,克里斯托弗所带领的团队还荣获了英国广告从业者协会(IPA)颁发的著名的"营销效果奖"(Marketing Effectiveness Awards)中的两项金奖。

CHAPTER 03　发动你的团队

"在奥运会之前重组团队就像在给心脏做大手术时，病人还在工作。不过，这个险值得冒。建立一个好的团队架构非常重要。"克里斯托弗说。

你要尽全力关注团队的技能架构。要知道，这不是一件一劳永逸的事情，你必须不断地调整团队的技能。因为成员会晋升，会离职。新技能也会变得越来越重要。就像克里斯托弗一样，你也不能停止对团队的设计。要想让营销工作取得成功，你就要使团队所拥有的技能保持在顶尖水平。

⊙ 招聘特殊技能

在这里，我们分享一种非常重要的招聘方法——招聘特殊技能。凭借这一点，我们的很多客户都组建了具备正确技能组合的团队。你也可以使用这种方法来评估你现有的团队，或者在招聘新人时用作参考。

营销管理者经常告诉我们，找到合适的团队成员很不容易。当我们要求查看团队的职位描述时，他们往往都会给我们看一份无比复杂的文档。

例如，一位高级营销管理者向我们展示，她希望新任团队经理具备下面这些素质：适应力、商业思维、热情、创业精神、情商、求知欲、企业对企业的营销经验和数据挖掘能力。当我们告诉她，她的单子太长了时，她告诉我们，其中最重要的是数据挖掘能力和创业精神，其他大都是公司人力资源框架的要求。难怪她的团队总是找不到合适的人选！

组建团队时,思路清晰很重要。在这里,我们推荐一种寻找特别人选的极简做法。

首先,总结你的"价值区"难点。例如,你的优先事项可能是通过提高客户留存率和优质客户的贡献率来提高利润率,也可能是通过在某个市场更好地满足客户需求来提升市场份额。无论你的"价值区"难点是什么,对它们的清晰认知都将大大帮助你认清团队所需的技能种类。

然后,在这一基础上回答下面三个问题:

问题1:拓展"价值区"所需的一到两项最特殊的技术性营销技能是什么?

不要列出一长串基本技能(大多数营销人员都拥有这些技能)。只关注最特殊的技能,也就是你的团队或团队成员必须真正擅长的事情。确保你已经考虑了分析技能和创新技能。大多数营销人员只关注其中的一项,而不是两项都关注,这与他们的个人喜好和兴趣有关。

问题2:拓展"价值区"需要哪一种或哪两种特殊人格特质?

对你的团队来说,哪些人格特质最为重要?你特别需要具有创业精神的人吗?还是说,你特别需要拥有坚韧毅力的人?在理想情况下,你肯定想同时拥有这两种特质。但是,到底哪些才是团队最需要的那一两种特质呢?

问题3:对我们的团队来说,哪些人格特质是"不可接受的"?

美国全食超市公司(Whole Foods Market)首席执行官约翰·麦基(John Mackey)说:"去找能跟你合得来的人。"招聘你

CHAPTER 03 发动你的团队

喜欢的人,但是不要招太多跟你一样的人,这么做会伤害团队的多样性。你想要有能力、有责任感、有团队精神的人,为此,你也可以忍受一些考验大多数人神经的另类性格(就像"牡蛎里的沙砾")。但是,这些性格特质最好是良性的,而且你也不会想要太多这类特质的人。想清楚,哪些人格特质是绝对不可接受的。

对以上三个问题的回答应该有助于你清楚地描述出整个团队以及每名成员所需要具备的技能。

表 7.1 特殊技能与人格特质表

特殊技能①		特殊人格特质②
分析技能	创新技能	
哪些人格特质是"不可接受的"?③		

市场营销人员 DNA 研究,巴塔和巴韦斯,2016 年(The Marketer's DNA-study, Barta and Barwise, 2016)

一旦你根据自己的回答填写了上面的特殊技能与人格特质表

（见表7.1），你就会更加清楚自己需要的是什么。

你也可以列出团队当前所拥有的技能和人格特质。找一张纸，在每一项不同的技能（和每一种人格特质）旁边写下具有特定技能的团队成员的名字。如果可能的话，再标出其所具有的技能水平，比如是"一流""尚可"，还是"较弱"。你很快就会看到哪些技能是优势，哪些技能需要增强。

有人说，我们这种"三问题法"过于简单。当然，其他技能和人格特质评估会更加全面。但是根据我们的经验，你所罗列的技能和人格特质要求越复杂，你在招聘的时候就越看不清对方的优点。少即是多。

我们的"三问题法"也可以用作更为复杂的招聘模型的补充。例如，有的公司有成熟的模型来预测营销人员的职业成功，他们的根据是认知能力测试，这很好。你可以首先使用这样的标准化测试来筛选应聘者，然后在面试的时候，你可以再去寻找你所需要的独特技能和人格特质。

在敲定最终的特殊技能列表之前，我们希望你考虑下面这些意见，以便获得正确的技能组合。

⊙ 考虑人际关系和人际技能

成功的团队里常常有能够联通重要人际网络的成员。例如，如果产品开发对于拓展"价值区"至关重要，你就可以聘请与公司产品开发部门有良好关系的人员，以方便你与这一部门的协作。

在建立团队的时候，考虑一下你需要打通的内部和外部人际网络，同时寻找那些能够帮助你实现这一点的人。

⊙ 建立多样化的团队

对于营销团队来说，思维方式、经验和背景的多样化是否重要？在我们看来，答案是肯定的。例如，麦肯锡的一项全球性研究发现，在领导力方面呈现出多样化的公司比其他公司多创造了53%的资本回报率。多样化的团队定将为营销部门带来更多的想法，注入更多活力。

不要只考虑性别组合，你还要考虑国籍、年龄、宗教信仰、性取向、过往经验、社会经济背景和种族的组合。

客户有时会问我们："我们需要在多样化方面做到什么样的程度？"这个问题没有确定的答案。专业机构可以帮助你实现正确的人员组合。不过对初学者来说，你可以考虑让团队的人员构成贴近客户群体。这么做可能不是百分百可行，但是朝这个方向努力或许是个不错的开始。

⊙ 决定——"培养还是外包？"

营销领域正在迅疾变革。伴随着数字技术、社交媒体、移动媒体和大数据技术的飞速发展，大多数营销团队都处在似乎永远都没有尽头的技能转型当中。

哪些技能需要内部培养？哪些技能需要从外部购买？你可以根据以下两个重要因素来做出决定。

因素之一，技能的战略重要性：根据经验法则，如果一项技能可以成为公司长期的重要竞争优势，那么就内部培养。例如，宝洁公司就开展了自己的广告效果研究，因为这家公司认为这是一项重要的长期竞争力资产。相反，大多数电信企业都会将广告效果研究外包，而在内部的定价研究上会投入巨资，因为在他们的经营业绩当中，定价占据着核心位置。如果一项技能可以让你在竞争中脱颖而出，你就不要把它外包出去。也就是说，你要在公司内部培养。

因素之二，技能的及时性：内部培养技能可能需要花费一段时间才能见到效果。如果你急需某一项技能，那么请与外部合作伙伴合作。如果这项技能在战略上具有十分重要的地位，那么请从一开始就把内部能力的建设明确摆上议事日程（而不是坐等专家离开公司）。

⊙ 培养营销领导能力

你在这本书中读到的大部分内容还没有成为许多组织正式营销培训中的内容，而这种情况正在发生改变。因为，人们逐渐意识到，要想拓展公司的"价值区"，为客户和公司创造长期价值，营销管理者就必须提高他们的领导能力。这不是偶然的——营销领导者要有意识地努力学习：

1. 发动他们的上司（影响公司的议事日程）
2. 发动他们的同事（为客户提供更好的服务）

CHAPTER 03　发动你的团队

3. 发动他们的团队（成为领导者中的领导者）
4. 发动他们自己（明确使命，激励他人）

在建设团队技能的时候，你也要考虑营销领导能力的培养。

⊙ 建立系统的营销技能培训机制

在营销从业者职业生涯的头 2 到 5 年，他们非常需要系统性的技能培训，这一点想都不用想。然而让我们惊讶的是，很多营销团队都没有这样的技能发展规划。

如果你的团队还没有系统性的技能培训机制，你就要把它建立起来。至少，这一机制应当满足通才和专才的不同需要：

1. 所需的技术性营销技能与培训
2. 所需的营销领导技能与培训
3. 所需的技术性在职经验

在员工的职业生涯早期，培训的重点大多集中在技术性的营销技能上。但是，随着员工职业生涯的逐步发展，你就应该把营销领导力方面的培训作为重头戏。常见的培训内容有：议程影响；进一步发动同事；打造高效营销团队；借助使命领导营销工作。

技术性的营销技能培训通常可以在内部进行，同时也可以有选择地参加外部技能研讨会（例如培训机构开办的培训班）。

深度营销

营销领导力培训要采取不同的做法，其中包含多种高度专业化的课程，通常需要根据你的营销团队专门定制（记住：这不是通用的领导技能培训，而是营销工作专用的领导技能培训）。如果你在一家小公司工作，你可以选择派人参加市场上为数不多的营销领导力培训班。但是，如果你的团队成员已经达到10人或更多，那么定制的营销领导力培训将会是更好的（也是更具成本效益的）选择。

在一年当中，你应该安排多少天用来培训好呢？这里有一个有趣的见解。一项研究发现，营销部门的培训支出在各大职能部门之中相对垫底，财务、人力资源、运营等职能部门都会投入更多的资金来"升级"员工的技能。我们建议，每名团队成员（包括你自己）每年至少安排5个培训日。听起来很多是吗？其实不多，5天大约只占一年工作时间的2%。而且，如果这一时长让你感觉像是当前时长的好几倍，那么你还要知道，你只是刚刚赶上了其他部门的水平。

技能发展计划不只适用于大公司。即便你所在的公司只有12个人，营销人员更是只有区区两三个人，你也完全可以拿出几张纸来拟定一份营销技能发展计划。如果有疑问，你可以花上几个小时跟你团队的成员一起完成这份计划。

⊙ 培养技术性营销技能之外的技能

营销事项涉及很多部门。如果只熟悉自己的部门，却对其他部门缺乏了解，这样的营销人员将很难在公司内部展开顺畅地交流和合作。然而，大多数营销管理者确实很少接触营销部门之外的事务（在我们的研究中，74%的营销管理者表示，他们只从事市场营销工作）。

试着轮换你的成员。让他们获得三个月到半年的销售、财务或运营经验。

实践证明，营销领导者接触销售工作是极其有价值的。拥有百事可乐（Pepsi Cola）、乐事（Lay's）、多力多滋（Doritos）等著名品牌的百事公司（PepsiCo）已经启动了销售领导者和营销领导者的轮换。"我们对百事公司有信心，我们需要培养公司的下一代领导者，提升他们的商业敏锐度……我们已经开始这样做了，先做了一些初步的尝试。在一些情况下，我们会派销售人员到营销部门担任重要职务，反过来也一样。"百事公司前首席营销官萨勒曼·阿明（Salman Amin）在任时曾这样说道。

轮换人员将帮助你的团队成员更好地了解公司其他部门里正在发生的事情。这么做也有助于发展人际关系，我们在前面的内容里提到过这一点。

7.2 为你的团队指明方向

一旦你有了合适的成员,接下来最要紧的事情就是把大家拧成一股绳,聚焦于"价值区"内的优先事项。

不能集中力量解决公司认定的优先事项的团队很可能会被边缘化。这类团队的成员经常抱怨公司不重视他们的意见,做事情都得跟着别人走。他们和他们的领导者在公司里的影响力都极为有限。

团队缺乏明确方向的另一个特征是,团队成员不会设定不同工作的优先级。在这样的团队里,所有人都忙得不可开交。他们会说:"如果我有时间思考全局就好了。"(假设他们还有全局这个概念的话。)这些团队不讨论关于客户和公司的"大问题",而会经常陷在内部项目和会议这些琐碎的事务当中。

托马斯说:"在研讨会上,我有时会让营销团队的成员在一张纸上写下一个简单问题的答案:公司为什么要设置营销团队?众人的回答往往会引起团队领导者的关注,因为答案五花八门,很少有见解一致的情形出现。在大多数情况下,对于营销团队应该做什么事情,每个人都有不同的看法,而麻烦往往就产生于此。"

但是,当所有的团队成员都有一个清晰而令人振奋的目标时,他们就可以共同创造出非凡的业绩。所以,成功的营销领导者都会花费大量时间和精力鼓励团队成员追求共同的目标。国际猎头公司瀚纳仕的首席营销官肖尔托·道格拉斯-霍姆就是这么做的。

在营销职业生涯早期,肖尔托得到了一个非常难得的机会,

CHAPTER 03　发动你的团队

并在其中体会到了团队目标所激发出的巨大力量。在这一经历的鼓舞下，每带领一个新的营销团队时，他都会采用类似的方式来构建团队目标。

为了迎接新千年的到来，英国政府决定举办"千禧体验"（Millennium Experience）庆祝活动，这是伦敦庆祝人类成就的一次大型展览。预计参观人数达1200万人次。

像许多大型项目一样，"千禧体验"庆祝活动一开始激发了民众巨大的热情，但是很快，项目就遭遇了延期、资金紧张和民众的非议。部分原因在于，活动的目的并不明确，而牵涉其中的政客也没有起到积极的作用。

在这个项目里，肖尔托负责营销与沟通团队，这是一个非常棘手的角色。由于项目遇到了麻烦，他的团队必须继续维持赞助商们的热情，同时在政府利益相关方的严密注视下展开在政治上非常敏感的民众沟通。压力无比巨大。但是，他的团队最终挺过了难关，还因为成功推广了这一大型项目而广受赞誉。[1]

"为了我们的国家，所有的团队成员都希望'千禧体验'能够成功举办。在工作非常难做的时候，我们的团队目标让我们得以继续前进。"肖尔托回忆道。

肖尔托体会到一个强大的团队目标有多么重要，这一经历使他日后的职业生涯受益无穷。例如，在瀚纳仕，肖尔托不断鼓

---

[1] 关于"千禧体验"的评价褒贬不一，但是，作为活动场地的"千年穹顶"已经成功变身为著名的"O2体育馆"（The O2 Arena），并成为音乐和运动主题场馆。

励自己的团队和其他领导者共同努力，以便实现公司的品牌承诺——好工作可以改变一个人，优秀的人可以改变一家企业。这一品牌承诺出现在所有重要文件中，也在重要的管理会议上讨论。经过4年的不懈努力，全球95%的瀚纳仕员工已经充分了解公司品牌在市场上的意义——这是一项新的纪录。

但是，肖尔托又将这一做法推向了更深一层。身在一个同时拥有总部营销团队和区域营销团队的全球性组织当中，肖尔托知道他不能简单地将所有人的目标统一为同一个粗线条的营销战略。于是，他的团队制订了一整套全球营销战略。而且，肖尔托没有干预区域营销计划，而是广泛使用了一种所有人都能理解的营销语言（"获知、购买和忠诚"）来描述营销战略。协调一致的营销工作是公司在严峻的市场中实现优质增长的主要原因之一。

让你的团队成员目标一致非常重要。而且，你必须持续地做这件事。作为团队的领导者，你在任何情况下都要擦亮眼睛，确保所有的团队成员都在追求同一个目标。

在我们的研究中，73%的高级营销管理者表示，他们已经把团队的架构和目标与公司统一了起来。我们的360度评估数据库中没有记录公司上司和团队成员对这一问题的回答。但是，我们发现，只有46%的上司和45%的直接下属认为营销领导者向他们的团队强调了共同的公司价值观。

你可能认为你已经整合好了你的团队，但是你的上司和你的团队成员可能并不这么看。

作为营销领导者，你有责任为你的团队指明方向。他们需要知道他们要往哪里去，充当什么角色，以及如何集中时间和精力。

要想指明方向，你就要非常清楚公司有哪些等待解决的"大问题"。做到了这一点，你才能为你的团队清晰地指明方向。

以下是统一团队目标的一些做法：

⊙ 让你的团队掌握"大问题"（拓展"价值区"）：创建营销团队使命

让你的团队成员了解"价值区"只是一个开始。为了把你的愿景变成现实，你也希望他们从情绪上进入状态，主动行动。

与你的团队成员一起写下团队的使命。首先，让团队成员回答一个问题："公司为什么要设置营销团队？"对它的回答有可能揭示出很多东西，并且通常也会表明团队成员的目标需要进一步统一。

一旦你们认真讨论并认清了"大问题"，接下来就退后一步，让你的团队创建自身的使命。最后的表述要非常精练（最好几句话就能说明白），并且能够涵盖你们对品牌的愿景，以及团队如何共同努力来实现它。

发挥创造力，推敲词句，权衡想法，但是要确保最后的表达朗朗上口，令人难忘。例如这样：

> 团队使命：我们要让×××成为最受客户青睐的汽车零部件品牌，同时仍能产生至少 35% 的毛利率。我们团结一致，互帮互助，不断发现问题，解决问题。

⊙ 反复提醒团队存在的理由

人都会忘事,特别是今天的营销人员还面临着巨大的压力。所以,你一定要反复提醒团队成员,公司为什么要设置营销团队?每次开内部会议的时候,你都可以简要重申团队的使命。这只需要几秒钟,你会惊讶地发现,不断重复一个简单的理念会让团队成员的目标变得更加一致。

⊙ 让团队成员向外看

所有的营销团队都在谈论"以客户为中心",但是,诸如预算和部门关系等内部问题常常会喧宾夺主。你需要创建明确的机制来确保团队成员目光向外看。

一种方法是定期(例如每1—3个月)给成员分配"向外看"的任务,比如进行客户访谈或研究竞争对手。另外,每次开完会以后,你要问问自己:"关于客户的事情,我们到底谈得多不多?"

你是主要的议程制订者和行为榜样,所以,你要确保自己多谈与客户有关的事项,而不是内部问题。

⊙ 在不做什么方面达成一致

很多营销团队都在把时间花费在一些没有什么价值的事情上。在日常工作中,"紧急但不重要"的任务总是被优先考虑。

这个问题要怎么解决呢？

每年开两到三次关于制订工作优先级的研讨会，就不该做什么达成一致。

首先从团队的使命开始。你可以这样问："现在都有哪些待完成的工作？""哪些工作从长期看最有价值？""我们应该停止做哪些工作，至少现在不做——或者只做到最低限度就停止。"

然后，通过讨论工作的优先级来达成一致：重点项目、外包与跟踪项目和停止项目。

一般来说，这样的研讨会能减少工作量浪费，提升团队士气，因为团队成员获得了明确的"许可"，可以把重要事项置于紧急事项之前。

你必须回答的关键问题

建立一个专注于"价值区"的高技能团队,是营销领导者业务影响力极其重要的推动力,同时也是他们职业成就的助推器。合理配置人员意味着你必须能够熟练回答下面这些问题:

团队技能与架构

- 你的团队是否拥有正确的技能组合(创造技能和分析技能)来拓展"价值区"?
- 在招聘人员,特别是领导者的时候,你会考虑他们的人际网络和人际技能吗?
- 你正在招聘的人员是否能促进团队的多样化?
- 你是否在正确地"培养"和"外包"相应的技能?
- 为了丰富经验,扩大人际交往,你是否已经安排团队成员到其他部门进行轮换?
- 作为领导者的你正在努力培养强大的营销领导技能吗?
- 你的团队是否有像样的技能发展计划?

团队方向

- 对于"公司为什么要设置营销团队"这个问题,团队中的领导者能否给出一致的答案?
- 你经常提醒团队成员,公司为什么要设置营销团队吗?
- 你的团队成员是否与领导者共同认同一个使命?
- 你的团队成员主要关注团队内部还是团队外部?
- 你和你的领导者们有没有共同认定过一些事情可以"不去做"?

你也可以在下面的网址下载这些问题:
www.marketingleader.org/ download

第 8 大原则
建立信任与自信

(核心问题) 如何让团队成员请求我原谅,而不是请求我准许?

回想一下你曾经遇到过的最出色的上司。他们在领导力方面的品质给你带来了什么样的影响?你的工作积极性和有效性提升了多少?

在多数情况下,出色的上司总是会交给你有一定难度的任务,以此来历练你。他们虽然把任务交给了你,但又随时能够为你提供帮助。最重要的是,他们信任你,对你有信心,这反过来又增强了你的自信,给了你提升技能的空间。

带领团队的时候,永远不要忘记你曾经作为一名下属的经历——下属必须由团队领导者管理。这里面蕴藏着很多值得你学习的东西。

长期以来,上司更倾向于通过"命令和控制"来工作,他们告诉下属要做什么,接着奖励遵守指令的人,惩罚不照办的人。这样的日子其实已经一去不复返了。现在,如果你的团队不能为个人发展提供很好的条件，那么你最得力的手下也会转投他方，令你损失惨重。

最成功的营销领导者不只建立一个团队，他们还建立了一个部落——一个由能干的、互相支持的成员所组成的，共同解决"大问题"的紧密团队。部落成员相互信任，并且对自身的能力充满信心。

摩根大通（JPMorgan Chase & Co.）美国财富管理业务首席执行官克里斯汀·莱姆考（Kristin Lemkau）这样总结道："作为一个部落，你们彼此信任，而且你们工作起来要努力得多……（团队成员）觉得自己的工作更有意义；他们理解工作的价值。"

无论你是品牌经理、营销经理还是首席营销官，你都要致力于打造一个充满信任和自信的部落。

建立信任与自信占据营销管理者业务影响力的 4%，职业成就的 3%（见下页图表）。

你可能会说："重要性只有 3% 和 4%？这还比不上技术性的营销技能。"纯粹从研究的角度看，在技能和人格特质方面合理配置人员（见前面内容）显然更加重要，这一点没错。但是，事情是这样的：在这本书里，我们只讨论具有统计学意义的行为。正如我们将要向你展示的那样，建立一个充满信任和自信的部落将会使团队的工作成效获得明显地提升。

CHAPTER 03 发动你的团队

对营销管理者业务影响力和职业成就的贡献度

业务影响力	建立信任与自信（4%）
职业成就	建立信任与自信（3%）

不同领导行为对营销领导者业务影响力和职业成就的相对贡献大小可以表示为每一种领导行为的贡献度占据神经网络模型中所有领导行为的贡献度的百分比，样本数量：1232。

在我们的研究中，"建立信任与自信"主要表现为授权与合作的团队领导行为。

市场营销人员 DNA 研究，巴塔和巴韦斯，2016 年（The Marketer's DNA-study, Barta and Barwise, 2016）

在我们的研究中，78%的高级营销管理者认为自己有效地促进了团队成员之间的协作。从建立信任与自信的角度来看，这是一个好消息。

但是，营销管理者在别人眼里是否也是信任与自信的关键建立者呢？为了更好地理解这个重要的问题，我们深入研究了我们的360度数据库。我们通过19种与"赋权他人"和"团队建设"相关的领导行为，比较了营销人员如何被领导者看待，最后发现了一些非常有趣的结果。

总体而言，与其他部门的领导者相比，营销部门的领导者并没有在建立信任与自信方面做得更好或更差。我们来看看我们所发现的一些表现出差异的方面。

在尽可能降低组织内部的保密性方面，营销领导者的得分往往比其他大多数领导者高。这真是一个好消息，因为这种认知开放性能够帮助他们的团队建立信任，更快地发现问题所在。

在授权方面，直接下属对营销领导者的评价非常好。营销领导者邀请下属参与决策，允许下属按照他们自己的方式工作，并且能够宽容主动承担工作的下属的失误。

但是，出了营销部门，营销领导者善于授权的优点就并不那么明显了。事实上，在鼓励团队成员自行决策方面，营销领导者的上司和同级认为他们的表现低于平均水平。

360度的评价视角还呈现了营销管理者两项更为严重的不足，一是管理冲突，二是约束自我（当然，我们不是在说你）。

高级营销管理者的下属、上司和同级都表示，在用强化团队的方式处理冲突方面，营销领导者的表现不及其他部门的领导者。我们从研讨会上了解到，很多营销领导者不喜欢冲突，面对困难情境，他们有时会难以应对。

公平地说，处理团队冲突并不是一件令人愉快的事。但是，良好的冲突管理技能对建立一个部落至关重要。而且，学习冲突管理技能也可能带来非常丰厚的回报（我们会在后面的内容中介绍一些具体的做法）。

在把团队利益置于个人目标之上方面，下属、上司和同级也认为营销领导者的表现低于平均水平。部分营销领导者是出了名的自我膨胀和自私自利。一位营销负责人告诉我们："作为一名营销管理者，你就是专家。你必须每天都证明你的价值。或许，我们的自我意识都已经习惯了逞强好胜。"

虽然营销管理者的一些夸耀自我的行为是可以理解的，但是把自己的利益放在集体利益之上会破坏信任。所以，你要约束自己（我们稍后也会讨论这一点）。

正如英国邮局前首席营销官彼得·马基（Peter Markey）所发现的那样，建立一个充满信任和自信的、工作主动、足智多谋的部落可以成为营销管理者获取成功的一股强大推动力。

在职业生涯早期，彼得是公共事业巨头英国天然气公司（British Gas）的直属市场经理。他和团队的任务是销售从天然气到电力再到家电保险的众多服务。

作为一名充满激情的营销管理者，彼得非常深入地参与了团队营销工作的各个方面。他检查每项活动的流程，并就如何改进提出详细的建议。有时，他甚至会帮助团队完成具体工作，只是为了加快进度。彼得回忆说："我觉得，作为一名强有力的领导者，我必须管控一切。"

业务的进展非常顺利。但是，彼得和他的团队必须更加努力才能达到公司越来越高的目标。有一年，目标看起来似乎高不可攀，于是彼得对具体工作介入得更深了。然而，一天晚上，一名年轻的办事人员在路上叫住了彼得，说："你的存在正在窒息我的创造力。到处都是你的身影。你告诉我具体做什么，甚至还亲自动手，这太让我泄气了。"彼得听了非常震惊。他从来没有想到，他的善意努力恰恰会伤害他想帮助的人。

这次谈话结束后，彼得改变了他的做法。他开始给予下属更多的空间，向他们询问更多的建议，然后让他们放手尝试。很快，他的新做法就带来了巨大的回报。

年关将至，业绩仍然存在缺口，于是彼得向他的团队成员寻求更多增加营收的点子。在一次会议上，一名团队成员提出了一个大胆的想法：为什么只依靠传统的直邮渠道，而不用电话营销来销售我们的产品和服务呢？

团队迅速开展了试点工作，进而在试点成功的基础上开辟了新的、高性价比的销售渠道，这帮助团队达成了年度目标。

彼得仍然记得，为下属提供更多的空间如何显著地提升了工作的绩效和团队的士气。他的新做法使他成为一名更加优秀的团队领袖。授权也成了他的职场加速器。彼得的口头禅变成了："放手造就卓越。"

在表现最好的营销部落中，成员之间都拥有高度的信任和自信。这也是你作为领导者能够产生强大影响力的原因。你可以创建一种团队文化——在这种团队文化中，团队成员可以说出自己的想法，提出问题，做出决定，承认自己的弱点，通力协作，而不是一盘散沙。

为了比竞争对手更好地服务客户，同时获得更大的收益，你需要一个由愿意与你并肩作战的领导者们组成的部落。只有自信的团队才能做到这一点。

下面是一些关于如何在你的部落中建立信任和自信的建议。其中的许多做法同样适用于营销团队之外的其他团队。无论你的职业道路走向何方，我们都确信它们总会派上用场。

8.1 建设一个充满信任的团队

你信任谁？你为什么信任他们？

在这本书里，我们使用一个简单的信任公式（你从前可能见到过）。它表明，要想信任某一位领导者，你首先需要得到关于他的专业性（专业知识、可靠性等）的证明。只有专业性也不足以让你信任对方，你还需要更多地了解对方的为人（亲密感）。但是，如果他们表现得很自负的话，你就会失去对他们的信任。换句话说，通过专业性和亲密感建立起来的所有信任都会因为自负而大打折扣，最后只剩下在任何关系中都拥有的别人对你的最基本的信任。

建设一个充满信任的团队十分关键。你信任团队成员，他们才敢于去冒险。同时，你也需要团队成员的信任，因为你希望大家对你坦诚。

很多时候，下属都会对上司隐瞒一些事情，因为他们不信任对方，不敢把问题和不同意见公开地讲出来。在所有的组织里，这都是一个"大问题"。在以威权文化为主导的组织里，这一问题尤其严重。"我遇到过的最棘手的事情是，团队成员什么话都不敢跟我说。"福特公司首席执行官吉姆·法利这样说道。相反情况，帕特里克回忆说："我们原来有这样一位领导者，他对自己的团队说：'我要的是结果，不是问题。'我们解雇了他，随后，一切情形都改善了。"

你希望你的部落成员提出想法，然后主动行动。但同时，你也希望他们在遇到问题时主动联系你，以避免造成糟糕的后果，并帮助他们尽快找到解决方案。

在所有的组织里，下属都会向上司隐瞒问题，而上司也总是低估这一情形的严重程度——尽管他们对自己的上司也会这样做。在运作良好的组织里，这样的问题会少一些。反之，这样的问题就会多一些。

培育一种信任和亲密的文化至关重要,这样一来,人们就会敢于袒露自己的缺点和问题。由于信任的氛围无法自然而然地形成,所以你需要通过不懈努力来强化信任。

包容、信任的文化与注重绩效和责任的文化是可以完全相容的,但是,要想两者兼得,既讲信任,又讲绩效和责任,你就要持续地付出努力。

我们来看看在团队中建立信任的一些实际做法,注意信任公式里的三个要素。

⊙ 培养营销团队的专业性

显然,你希望所有的团队成员都具有专业性(他们也希望你足够专业)。没有专业性,你永远都打造不出一个自信且成功的团队。

你是榜样。如果你错过了最后期限,你的团队也会错过;如果你开会迟到,你的团队也会迟到。无论你做什么,你都会为他们的行为定下基调。所以,你要确保:

遵守你的承诺。或者,不要轻易做出承诺。如果你确实没能兑现承诺,那就一定要道歉。

遵守规则。严格、明确地遵守公司在支出、保密、平等、霸凌与骚扰、健康与安全等方面的规定。对于这一点,你必须严肃对待,三令五申,以身作则,对达不到专业标准的表现零容忍。

不要装作在营销方面无所不知。今天,要想这么做更难了。因为现实情形是,你的团队中有许多人都(而且应该)比你更了解他们的工作细节。你的职位越高,你就越有可能遇到下面的情形。即,你的团队成员现在所做的工作在你像他们这个年龄的时候根本不存在,今天的你对这些事情的细节一无所知。所以,如果团队成员知道你不了解很多东西的话,你还怎么保持自己的权威和可信度呢?

你要夸赞每一名团队成员所拥有的知识和技能。你还可以通过询问一些开放性的问题来让他们的技能发挥更大的作用,并跟全局联系起来。这样的问题有:"这件事我们怎么才能做得更好?""这一点怎么跟其他的营销活动来配合?它的特殊优势是什么,短板又是什么?"还有:"它对我们公司的未来有什么意义?"得到回答后,一定要立即追问"为什么"。如果他们了解这一领域,他们就会很乐意地告诉你如何能帮助解决公司的"大问题"。

这听起来像是显而易见、非常基本的东西。但是,你会惊讶地发现,有太多的营销管理者很难在专业性方面充当团队成员的榜样。

我们在专业行为方面的建议是:去做,别找借口。

⊙ 增进亲密感

你的团队成员可以公开谈论他们的缺点和遇到的困难吗?他们可以大方地寻求帮助吗?

能够达到这种开放性和亲密感的团队是非常有战斗力的。

很多团队成员发现很难信任那些从不袒露个人情感的"完美"领导者。相比之下，愿意谈论自己缺点的领导者反而能够在团队里建立起亲密感和更多的信任。不过，谈论自己的缺点并不是一件容易的事。你能做到哪种程度呢？

在最基本的层面上，跟团队成员透露点你的个人生活。花点时间谈谈你的家庭，你的兴趣爱好，上回去哪里度假了，等等。

求助他人。像这样讲话："这就是我们的计划，但是关于 X 的技术细节并不是我的强项，所以 Y，你能来牵头做这件事吗？"当然，你这样做的目的之一是给 Y 一个出彩的机会，但是你还有另一个目的，那就是向其他成员示范如何大方、自然地揭示自己的技能短板。你要鼓励其他团队成员也这样做，特别是那些职位较高的成员。

既分享你擅长的事情，也分享你不擅长的事情。一些领导者发现，使用像迈尔斯 - 布里格斯（MBTI）这样的人格测试或"大五"人格测试（通常可以免费获得）来发起讨论是很有帮助的做法。跟你的团队成员坐下来讨论测试结果，以及它们在你日常工作中的表现，这么做的效果可能会是非常惊人的。在线购物网站吉尔特（Gilt）的首席执行官米歇尔·佩鲁索（Michelle Peluso）让她的团队成员分享他们的 360 度测试结果，并且讨论如何互相帮助。分享测试结果或聘请专业教练组织信任建设研讨会是帮助人们更好地了解自己和同事的好方法。

CHAPTER 03　发动你的团队

还是那句话——以身作则。作为领导者，你必须首先身体力行。一旦你更多地暴露了自己的缺点，你就为他人做同样的事情打开了方便之门。

⊙ 放下你的自负

下属能十分敏锐地察觉到领导者的自负。自负是信任的天敌。托马斯回忆说："我曾经遇到一位营销总监，他第一天上班就把我们的传真机搬进了他的办公室。他甚至还没来得及开始工作，就失去了我们的信任。"

这里有一些淡化自我的做法：

1. 把你的大办公室用作团队活动室。
2. 让其他成员出席重要会议，包括面见你的上司。
3. 在危机时刻为下属提供支持。
4. 只在对方方便的时间打电话，特别是当对方身在其他时区时。
5. 当你因为工作出色而受到嘉奖时，把奖励让给整个团队。

优秀的领导者会确保让自己的团队大放光彩。2015年秋季，当蒂姆·库克（Tim Cook）在苹果全球开发者大会上发表闭幕演讲时，他要求大厅里所有的苹果团队成员站起身来。在众多现场观众和数百万在线观看的观众面前，蒂姆表示："与努力工作改善他人生活的人一起共事是一种荣幸。"他的这句话价值连城。

在团队中建立一种信任感是至关重要的。在这种信任感中，成员敢于暴露自己的缺点和问题。你需要坚持不懈地加强这种信任——这不是自然而然产生的。

8.2 如何帮助团队成员建立自信

还记得你第一次学骑自行车的时候吗？也许有一个人站在你身后，以防你摔倒。他（她）给你信心再试一次，直到你可以自己骑行。

英国宝田（Gemfields）矿业公司前首席执行官伊恩·哈尔伯特（Ian Harebottle）表示："人对失败有一种内在的恐惧，所以你真的要激励人们相信自己。"这句话很好地概括了你作为信心建设者的角色。

你正在激励一个营销团队来拓展"价值区"。为了取得成功，大家需要有敢于冒险的信心。很多领导者高估了他们团队成员的自信。不要犯这样的错误。如果你对这一点有疑问，那么就假设你的营销团队还有足够空间来增强信心。

开始着手建立信心时，你一定要坚持这样做下去。如果你某一次没能做到（比如质疑采取合理行动的下属），那么你一定要道歉——这也是你学习的过程。

作为一名领导者，为你的团队建立信心是你能做的最有价值的事情之一。这方面的突出代表就是道恩·赫德森（Dawn Hudson），她是百事可乐北美公司前总裁兼首席执行官。她在接受访谈时说："我真的更想成为他们的导师和领导者。这样的角

CHAPTER 03 发动你的团队

色能激励团队去实现他们认为自己做不到的事情。"

根据我们多年来与高级营销团队的合作经验,我们在这里为你提供一些建立信心的技巧:

⊙ 设定新规则:"请求原谅,而非请求准许"

你需要你的团队采取行动并承担风险来推动营销工作,而不是总得先经过你的同意才能这样做。有时候,他们会犯错,或者会做一些你不喜欢的事情。这时,你要做的是接纳。"原谅,而非准许",这是一个强大的规则,对讲究创造性的营销工作必不可少。

如果选择建立一个不要主动性,只有一半参与度的营销团队,其中的精英成员很快就会开始另谋他职。

你要如何把"原谅,而非准许"的规则付诸实践呢?告诉你的团队成员,虽然你时刻都准备在他们需要的时候提供建议,但你还是希望他们在推进工作前少做请示。虽然你喜欢得到关于工作进展的报告,但是如果他们能自己做决定,也敢于冒着一定的风险推动工作,那么你也完全不会介意。

如果有人犯了错,给你或者给别人惹了麻烦,那么请接受他们的道歉和解释,并尽可能地对他们主动开展工作的表现给予赞扬。总结他们从这次经历中学到的经验,并且与其他团队成员分享。这样一来,所有人都能从中受益。

团队成员中可能会有一两个热血膨胀的人,他们容易头脑发热,鲁莽行事。你很可能知道他们都是谁。找他们谈谈,防止他们闯祸。不过，这样的团队成员很少。由于害怕失败，大多数人反而倾向于过分小心谨慎。他们需要你的鼓励来放开步子，开创事业。

一旦有人冒险成功——尤其是那种行事极为谨慎的团队成员，你一定要大张旗鼓地进行庆祝！

⊙ 利用每一次营销会议鼓励团队成员

会议一开始，你何不告诉团队成员他们有多棒，以及你多么相信他们有能力完成公司的使命？或者在会议结束的时候告诉他们，你对他们的能力感到多么放心？这些都是很简单的事情，但是，这么做能够极大地提升团队成员的自信。尝试做两个星期，看看会发生什么。

⊙ 所有人都要发言

即使在高度信任的氛围里，有的团队成员也会保持沉默，其中的原因很多。有的人可能有点内向，有的人可能刚到公司不久，有的人可能是初学者，也有的人可能在语言上存在障碍（工作语言非母语）。

错过这些团队成员的想法会给你带来巨大损失。营销要的是创意。你需要找出最好的点子，而最好的点子可能出自任何一个人。

在做出决定之前，试着要求房间里的每一个人都说出自己的想法。这是让发言形成惯例的很好的做法，即便对于那些犹豫不决的人来说也是如此。

⊙ 授人以鱼不如授人以渔

在时间紧迫的时候，作为营销领导者的你很容易直接告知下属该怎么做，而不是去听取他们的建议。如果你认为自己是营销专家，经验比所有人都丰富，你就更容易这样做。就算你总是对的，这种做法也不利于团队成员的成长。而且，你还可能让他们心灰意冷，迫使他们去换一个喜欢鼓励人的上司。

你可以在开会的时候尝试 70/30/0 法则：

70% 的渔（"你"）。 将你与团队成员互动中的 70% 转化为"授人以渔"。通过问问题和鼓励进一步思考来帮助他们形成自己的想法。支持性的、开放性的、以"你"为中心的问题能够鼓励他们扩展自己的想法。例如："在你看来，你会如何做？""你能再详细解释一下吗？""你怎么做才能达到这个目的？"

30% 的鱼（"我"）。 只有 30% 的互动应该是你的想法和建议，而且最好放在别人发言之后。

0% 的打断（"我"）。 不要担心没机会发表你自己的观点——团队成员知道你有一些话要补充，他们通常也会给你留发言的时间。如果你发现自己打断了别人的发言，那么就立即停下来并道歉，然后鼓励对方继续谈。

少说"我",多说"你"。如果你授人以渔,而不是授人以鱼,你会惊讶地发现,你的团队成员居然能贡献出那么多好点子。

⊙ 教你的团队成员展开建设性的辩论

"我怎样才能让我的团队做出更多的创新?"客户经常询问这样的问题。在我们看来,其中一个关键点就是建设性的异议。

斯坦福大学战略与组织学教授凯瑟琳·艾森哈特(Kathleen M. Eisenhardt)和她的同事们观察了硅谷十几家科技公司的高管团队会议(显然,在这样的场合,以客户为核心的成功创新是最重要的)。他们发现,在最成功的企业里,高管团队懂得如何在不引起争吵的同时表达自己的不同意见。参考她的研究,我们提出了几条能够帮你增强团队信心,提升创新能力的建议:

强调共同目标。开会之初,首先明确共同目标——如何拓展"价值区"(例如创造利润增长,或超越占主导地位的竞争对手)。一旦讨论偏离主题,或者有争吵发生,你就重申所有人的共同目标。最后,强调团队在实现共同目标方面的进展,并以此来结束会议。

关注当前的事实数据,而不是想法。尽可能以事实数据为基础展开讨论。反过来,如果想法表达得太早,太感情化,那么即便是最好的创意也可能会被早早扼杀。在IBM,受人脑的启发,莫达博士(Dharmendra Modha)带领研究小组成员成功创造了一种创新型的微芯片架构。为了更好地创新和协作,团队成员在电子邮件中使用不同的颜色来标记他们的观点（例如，白色是事实，绿色是想法，红色是情绪）。这一做法迫使所有人都坚持事实和想法，同时避免消极的情绪（积极的情绪是可以的）。

同时探索多种可能的行动方案。 不要过早缩小团队的选择范围，放手让他们探索不同的路径和想法，以便找到最佳方案。这一点很不容易做到，因为你的时间总是非常紧张。但是，既然硅谷的公司可以做到这一点，那你也可以。

创建平衡的权力结构。 不要让团队中的重要角色来领导所有的创新工作，而要让他们来指导那些想要创新的成员。这也是培养顶尖人才的好机会。

认真倾听。 下属不喜欢独断专行的上司，在每个人都有机会发言之前，不要轻易做出决定，不论发言人是沉默寡言的还是资历较浅的。当别人讲话时，团队成员都要认真倾听。同样，他们也不喜欢毫无主见的上司——任由讨论继续，还会受到他人私下劝说的影响。下属喜欢并且尊重的上司是能够确保所有人都表达看法，同时又能认真倾听的人，是如果观点无法达成一致仍然能做出决定并解释原因的人。

帮助团队成员开阔思路。 在认真倾听之外，你还可以通过提问来扩展他们的参考范围。这么做能促使你的团队成员成长和创新。如果你直接告诉他们答案，你就达不到这个目的。在讨论下一个项目时，试试这样做：告诉你的团队，你希望由他们来出方案，你将只在需要的时候过问。在开会的时候，不要急于说出自己的想法，而要倾听，同时试着激发他人的想法。你可以提一些开放性的问题。例如，"如果……你会怎么做？"或者"我们怎么做才能……"只要条件允许，就尽量多问。只有在讨论陷入僵局的时候，你才可以表达自己的想法（但是，你要让你的团队知道你只是暂时接管讨论，以及你这样做的原因）。帮助团队成员开阔思路而不是给出答案可能不容易做到，但效果有可能非常显著。

使用幽默。谈话的基调是由你确定的。幽默可以缓解因意见分歧造成的紧张气氛。当事情出现变数时，幽默能起到很大作用。

你的团队成员对自己的创新能力有多大信心？他们愿意并且能够把独特的、不成熟的新想法提出来吗，还是秘而不宣？你经常在这些想法的基础上继续思考，让它们变得更加完善吗？还是说，你想方设法把它们驳倒，以便"回到正题"？在讨论当中，你会尽可能地尊重事实吗？还是说，你任由自己的臆想和情绪主导讨论？

培养创新文化的做法之一是教你的团队成员展开建设性的辩论。你就是老师，你要以身作则。

⊙ 处理人际冲突

尽管你已经尽了最大的努力，但是，你的团队内部还是会发生一些人际冲突。如果不加以解决，随着时间的推移，问题会进一步恶化。最初的表现可能并不激烈。例如，两名小组成员从不坐在一起，或者总是在讨论中打断对方讲话。

CHAPTER 03 发动你的团队

相信你的直觉，如果你已经"察觉"到了冲突，那么它的存在几乎就是板上钉钉的事了。

你要尽早处理这个问题。一般来说，你可以通过一对一的谈话来找出冲突的原因，寻求解决方案。

如果问题还是无法解决，不要任由其拖延下去。在负面影响尚未波及整个团队之前，你可以求助公司的人力资源专家或外部专业人士来解决。

⊙ 想方设法建立"过得去"的关系

如果你的某一名团队成员确实很优秀，但是你们私下的关系却很紧张。这时，你就要争取让这段关系"过得去"，而不是想办法排挤对方。

有时候，思维、行动方式与你和大多数人都不相同的人正是你所需要的人才。在大多数情况下，作为一名营销管理者，你对人际关系的质量是非常敏感的。但是，如果你不小心，你对某个人的不喜欢就可能轻易地演变为欧洲工商管理学院教授让-弗朗索瓦·曼佐尼（Jean-François Manzoni）和让-路易·巴苏（Jean-Louis Barsoux）所说的"制造失败综合征"。简单说，它的意思是，关系从坏到变得更坏，原因仅仅是你已经认定对方不是好人——无论对方怎么做。

挑战你的假设：你为什么不喜欢这个人？如果你喜欢他（她）的话，对方的表现会不会更加优秀？把注意力放在积极的方面，放松一点，关系或许能得到改善。退一步讲，你又不必跟他

（她）去度假。

有时，你可以安排这个人进入你所在的项目组，同时再加入另一个跟你们两人关系都不错的人。这第三个人既可以充当联系人，也可以成为缓冲器！如果遇到了比较严重的问题，那就请专业人士来解决。即使你私底下不喜欢某些人，他们也可能是团队的重要资产。你要想方设法地建立"过得去"的关系，帮助他们提升自信，你的努力才不会白费。

⊙ 成为首席情绪官

指挥管弦乐队既讲究技术和艺术，也讲究情感。如果指挥紧张，乐队也会紧张。反过来，一位信心满满的乐队指挥也能让再普通不过的演奏者超水平发挥。

你是营销团队的指挥，所有的目光都集中在你的身上。你担任营销领导者的部分职责就是成为首席情绪官。

在每一次团队互动之前，问问自己："我想给团队成员带来怎样的感受？"几乎可以肯定地说，你会希望他们感到自信、乐观和被欣赏。你要以身作则，带着同样的自信和乐观，并且给予他们充分的鼓励和赞扬。

只要情况允许，你就不要吝惜自己的赞美之词。如果工作遇到了困难，你也要帮助团队成员舒缓负面情绪。

CHAPTER 03 发动你的团队

你必须回答的关键问题

绩效突出的营销领导者会在自己的团队建立信任和自信。你可以问自己这些问题:

团队成员的相互信任

- 你有没有以身作则,成为团队在专业性方面的榜样?你守时吗?你做事可靠吗?你严格遵守公司规定吗?
- 你是否在团队中营造了轻松的氛围,让成员可以公开地谈论各种问题?
- 你有没有把你的自负控制在不伤害团队信任的范围内?

团队成员的自信

- 你是否会在开会之初表达自己对团队成员的信心?
- 你确定你的所有团队成员都表达了自己的想法吗?
- 你更多地讲"我"还是更多地讲"你"?
- 你的团队是否能够展开建设性的辩论以求获得更好的结果?
- 你有没有处理团队成员之间的人际冲突?
- 你是否与不喜欢的人建立了"过得去"的关系?
- 你是你们团队的首席情绪官吗?

你也可以在下面的网址下载这些问题:
www.marketingleader.org/ download

第 9 大原则
诉诸结果

(核心问题) 我如何做到公正裁判？

在展开讨论这一主题之前，我们先来谈谈数据。

在我们的研究中，统一团队成员目标与公司目标，并且督促团队成员达成它们（诉诸结果）是高级营销管理者业务影响力的重要驱动因素（相对贡献度为 6%），而这一点对营销领导者职业成就的促进作用也更大（相对贡献度为 9%）。要想发动你的团队，你就要抓牢绩效这一"牛鼻子"。

但是，诉诸结果是许多营销管理者的难题，这也是很多高管不信任营销管理者的原因之一。

现在，我们给你看一些数据。如果你是一名营销领导者，你就会知道这些数据并不好看。但是，你也不必为此灰心失望。我们可以很有把握地说，只要肯付出必要的努力，任何一位营销管理者都能提升自己的绩效管理水平。

CHAPTER 03　发动你的团队

对营销管理者业务影响力和职业成就的贡献度

业务影响力	诉诸结果（6%）
职业成就	诉诸结果（9%）

> 　　不同领导行为对营销领导者业务影响力和职业成就的相对贡献大小可以表示为每一种领导行为的贡献度占据神经网络模型中所有领导行为的贡献度的百分比，样本数量：1232。
>
> 　　在我们的研究中，"诉诸结果"主要指将目标和激励措施与公司的优先事项相统一，并将工作成果作为绩效管理标准的团队领导行为。
>
> 市场营销人员 DNA 研究，巴塔和巴韦斯，2016 年（The Marketer's DNA-study, Barta and Barwise, 2016）

在我们的研究中，只有 57% 的高级营销管理者认为自己擅长将团队目标与公司的优先事项相统一。另外，只有 63% 的营销管理者认为，他们主要根据工作成果管理自己的团队。

那么，在他人眼中，营销管理者是否擅长绩效管理呢？我们的 360 度数据库给出了回答，结果不是很好。

我们首先考察了上司和同级对营销管理者的评估，评估内容为"设计与统一"（例如制订绩效标准）和"奖励与反馈"（例如根据绩效设定报酬）两大类别的 15 项领导行为。上司和同级几乎都认为，其他部门的领导者要比营销管理者在下面这些方面做得更好：

1. 管理绩效标准

2. 贯彻公司的基本价值观

3. 将实际绩效与薪资挂钩

例如，只有54%的上司认为营销管理者为他们的下属设定了较高的绩效标准。而对财务管理者和销售管理者来说，这一数字分别为60%和59%。差别虽然不大，但仍能说明问题。

所以，营销管理者的上司和同级认为他们并不擅长绩效管理。那么，他们的团队成员如何看待这一点呢？

当我们比较营销管理者来自下属的评价和其他部门领导者来自下属的评价时，结果也显示了同样的情形：营销管理者的下属也不认为他们是优秀的绩效管理者。在设定明确目标、公平付酬和用正确的制度激发有效行为方面，其他部门的领导者似乎做得更好（见图9.1）。

"诉诸结果"往往是很多营销管理者面临的最棘手的挑战，因为他们得硬着头皮做出决定。而且，在营销领域，由于产品或服务的市场表现几乎总是少不了"运气"的成分，所以狠下心来公事公办就会变得难上加难。

然而，很多首席营销官对我们说，他们不想对自己的下属过分苛刻。但这或许是错误的做法。作为一名领导者，你要为团队的绩效负责。如果目标设定得既有挑战性又不脱离实际，如果有人关心他们的绩效，如果他们能够根据绩效公平地获得报酬，那么大多数人都会鼓足干劲，在工作中表现出上乘的水准。联想集团亚太区前首席营销官尼克·雷诺兹（Nick Reynolds）表示，他们的企业文化是"绩效驱动"，而不是"走政府路线"。尼克说，

CHAPTER 03 发动你的团队

他喜欢这样的方式。

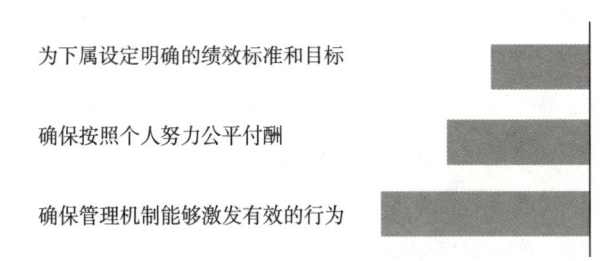

感觉差异　　　　　　　　　　　营销领导者的表现比其他领导者……

　　　　　　　　　　　　　　更糟　　　　　　　　　　更好

为下属设定明确的绩效标准和目标

确保按照个人努力公平付酬

确保管理机制能够激发有效的行为

图 9.1 下属眼中营销领导者和其他领导者的表现对比

市场营销人员 DNA 研究，巴塔和巴韦斯，2016 年（The Marketer's DNA-study, Barta and Barwise, 2016）

鉴于很多营销管理者都觉得绩效管理非常棘手，我们制作了更加全面的建议列表。我们会让你看到，绩效管理并不像火箭科学那么深奥。不过，你也确实需要对此加以重视，付出努力，同时还要做到以事实为依据（这是最重要的）。这三点与凯瑟琳·艾森哈特在硅谷所观察到的现象一致。现在，我们来看艾伦·穆拉利（Alan Mulally）和吕克·维亚尔多（Luc Viardot）的案例。

9.1 事实的力量

也许你还记得挽救公司于水火的福特汽车公司前首席执行官艾伦·穆拉利。2006年，他在公司接近破产时上任，随即引入了他称之为"商业计划摸底"（或简称为BPR）的会议机制。每周，公司全球各地的业务和职能领导者都会聚在一起，对照财务目标和关键举措清单摸底公司的经营现状。当然，穆拉利的职位是首席执行官。但是，正如我们即将介绍的那样，他所采取的行动能够为营销领导者带来非常有价值的启示。

一开始，穆拉利透明而严谨的行事方式不出所料地遭遇了大多数人的抵制。一些人不喜欢他这么做，并且很多人最初都隐瞒了真实的数据。但是，穆拉利的态度十分坚决，威胁说要解雇那些拒绝回应的人，同时也公开赞扬了坦白自身问题并寻求帮助的人。

穆拉利后来回忆道："BPR会议是基石。它打开了一扇奇妙的世界之窗，通过它，整个团队了解了全世界正在发生的一切。"

不只有像穆拉利这样的首席执行官能通过事实、数据和严格的后续行动改变公司的命运，营销领导者也可以如法炮制。荷兰阿克苏诺贝尔（Akzo Nobel）公司的营销经理吕克·维亚尔多也是这样做的。

2012年，吕克加入公司担任产品营销经理时，阿克苏诺贝尔公司正面临着严峻的商业形势。即将出台的新法规将禁止生产双酚A，这是一种广泛应用于铝制和铁制罐头涂层的产品。

阿克苏是这一行业的几家大型企业之一，其产品用于可口可

CHAPTER 03 发动你的团队

乐、百事可乐和雀巢等品牌的数十亿罐装产品当中。在2012年，那项表明双酚A存在潜在风险的科学研究似乎不够可靠。而且，当时还没有哪一家企业拥有完全符合标准的替代产品。当第一份禁令（尽管存在争议）出台后，法国市场将不再接受这一产品。于是，阿克苏及其竞争对手就面临着巨大的挑战——要么在2015年之前找到替代产品，要么丢掉业务。

吕克的首要任务是帮助解决双酚A问题。他与他的团队一起彻底摸清了当前的现状、成功的可能性和所有创新项目的潜力。吕克的数据在数周内证明，现有的200个替代产品研究项目中，大部分都毫无希望。通过反复地讲述自己的分析，吕克帮助阿克苏的管理团队砍掉了70%以上的项目，并把资源集中在了最有前途的项目上。

在大幅度集中资源的基础上，阿克苏团队终于及时地研发出了双酚A的替代品，保住了手上的业务。

吕克回忆说："一开始，没有人看得清形势，我们必须把问题搞清楚。我们的数据帮助我们说服了怀疑者，并把所有精力集中在最有可能成功的项目上。"

从那时起，吕克就将"搞清楚问题"这一方法用在了接下来的业务中。每年制订年度战略的时候，他都会首先与全球各地的团队配合，在每个关键市场展开深入的现状调查（例如客户开发）。然后，他会在掌握这些事实的基础上制订全球战略，接着再与各国的团队合作，在考虑具体市场独特需求的同时，制订统一的区域战略。

吕克没有就此停下来，他还引入了每两个月一次的摸底会议，与所有地区的高层领导者讨论公司优先事项的进展（成绩和问题）。在会上，为了让参会者保持专注，吕克和他的团队只使用了很少的幻灯片，并用绿色和红色表示项目的状态。今天，严格而基于事实的营销管理仍然是阿克苏强劲业绩增长背后的关键驱动力。

营销管理者经常告诉我们，他们无权对公司的最高管理团队做商业摸底。这里透露一个秘密：吕克也没有这个权力。不过，他和他的老板说服了其他高级领导者，最终才引入了每两个月一次的摸底会议。同时，他们还提出由营销部门来准备并牵头。后来，事情正是这样进行的。

如果团队领导者在管理中看重工作成果，团队就会取得更高的绩效。他们很专注，努力按时完成工作。他们的团队成员也不会拿别人的失败当作借口来拖延。全体成员都努力工作，因为这么做能赢得团队领导者和其他团队成员的真诚钦佩、认可和赞赏。这样的团队会更容易吸引和留住有能力、有抱负的人。

事实就是如此，虽然直面现实有时可能会让你感到不适，但是这么做对提高团队绩效至关重要。而且不要忘记，培育崇尚绩效的文化是推动营销领导者业务影响力和职业成就的重要力量。

下面是一些实际的做法，你可以通过它们来成为一名更加优秀的、注重绩效的领导者。另外，我们知道以下很多做法可能看上去都只是常识，但是请相信我们，在大多数营销团队里，它们都不是常见的做法。

9.2 培育崇尚绩效的文化

⊙ 为包括小任务在内的所有任务设定目标和最后期限

充满挑战性但又现实的最后期限能够帮助人们把注意力集中在重要的事情上。这样的期限也能激发人的潜能,制造一种紧张感。

尝试下面的做法。从现在开始,为团队成员达成一致的任何事项,包括小事,设定明确的目标和最后期限。起初,这么做会显得有点"小题大做",但是,无处不在的"最后期限"会形成一种氛围——让人们知道绩效是无比重要的事情。

一旦绩效得到提升,你就可以放松一点,只为优先事项设定目标和最后期限。

⊙ 跟进最后期限

奇怪的是,很多营销领导者设定了最后期限,却并没有去跟进。被遗忘的期限对团队绩效的影响是灾难性的。

如果你不善于跟进最后期限,那么就请你的助手整理记录所有约定好的期限。每天早上先查看这一天都有哪些最后期限,然后去询问完成的情况。

一旦最后期限上的事项进展不错,你就可以回头只关注优先事项。

如果有事项超过了最后期限,你就要进一步监督问询,这么做有利于培育崇尚绩效的文化,同时团队成员的信心也会增强,因为所有人都清楚地知道,你想要他们怎么做。

⊙ 简化会议记录

真的要这样做吗?下面是一种大胆的做法,可以把大家的注意力从会议的讨论过程集中到最后的行动上(记录会议过程是一个苦差事,没人愿意做,事后也没人愿意去回顾):

1. 在每次开会的时候,找一名团队成员记录最重要的决议,包括事项、目标和最后期限(但不记录谁说了什么,以及为什么要做出这一决定)。

2. 会议结束时,请这名团队成员大声宣读待办事项清单,让每一位参会者知晓自己的待办事项。

3. 下一次开会时,再找人大声宣读这些待办事项,提醒每一个人。这种对待办事项例行宣读的做法非常重要!如果团队成员知道你会提醒每个人完成各自的任务,他们就更有可能记住并完成他们的待办事项。

试着坚持几周,你会惊讶地发现,这一简单的做法让事情变得明朗多了,同时也节省了大量的时间。

⊙ 在时间安排方面与所有团队成员达成一致

虽然正式的工作描述非常重要，但是一旦营销人员开始营销工作时，他们所说的大部分内容就会被遗忘。显然，工作描述对于确定每日事项的优先级并不是很有帮助。

除了正式的工作描述之外，我们建议你每三到六个月就分别与每一名下属讨论两个简单的问题：

问题1：在接下来的三到六个月里，为了帮助团队拓展"价值区"，你将完成的最重要的工作是什么？

问题2：你会花多少（以百分比的形式）时间来实现这个目标？

提出这两个问题可以让团队成员专注于最重要的事情。如果有人要求他们做一些次要的事情，这也有助于他们做出拒绝。

⊙ 经常庆祝成功（不只是一年一次）

如果运动员赢得比赛，他们将获得奖牌，还会互喷香槟进行庆祝。重要的是，这些奖励都是公开的。你也要为你的团队做同样的事情（或许香槟酒就不用喷了）。

以绩效为中心的团队文化讲究为成功而庆祝。每个星期，你都应该找至少一件事情来庆祝，即便只是群发一封鼓舞人心的电子邮件。

为了确保这些庆祝活动能够持续进行，每到周五，你的助手都应该问你："本周我们庆祝了哪些事项？"

通过积极主动地认可和庆祝成功，所有人都会沉浸在振奋人心、当之无愧的氛围里。这一氛围进而会推动你的营销团队夺取更多的成功，因为他们已经爱上了那种感觉。

9.3 追究责任

心理学家斯金纳（B.F.Skinner）曾经说过："行为是由结果塑造的。"当然，斯金纳的实验对象主要是老鼠和鸽子。但是，同样的行为原则在很多情况下也适用于人类。

例如，我们都见过这样的父母——他们向孩子许诺，如果刷牙，或者安安静静地坐在火车上，或是做其他的事情，就会得到奖励。然后，当孩子们尖叫着跑来跑去，而不是按照他们所要求的那样去做的时候，父母也会让步，并且仍然给孩子奖励，只是为了让孩子们保持安静。然而对孩子们来说，得到奖励的反而是他们的调皮行为。

成年人与孩子真的没有太大的区别。如果我们觉得不做也没什么大不了的话，我们就会忽视那些我们不愿意做的事情。

我们来看看，这种行为模式对营销领导者和他们的团队成员的影响。

我们已经谈到过，很多营销领导者从感情上很难向他的团队成员问责。例如：有的人超支了预算，他们却装作没看见；项目一拖再拖，他们却不去追问其中的缘由；他们还会接受有可能解

CHAPTER 03　发动你的团队

释失败的任何借口；或者他们设定了目标，却不去监督执行。

虽说你这么做暂时避免了把关系搞僵，但你最终却不得不接受你不想要的恶劣结果。工作表现不佳的成员没有进步，更糟糕的是，那些表现出色的团队成员还会觉得受到了冷落和不公平对待。

在这种情况下，营销负责人需要重新考评他们的工作。在绩效方面公事公办并不意味着你不近人情。我们同意摩根大通美国财富管理业务首席执行官克里斯汀·莱姆考的意见："团队成员只想知道你关心他们，关心他们的表现之一就是要对他们诚实，或者在他们遇到困难，甚至不再胜任职位的时候直接告诉他们这一点。只要他们知道你在乎他们，那么你无论友善还是严厉，他们都能接受。"

作为团队领导者，成员希望你公正、透明、一以贯之。虽然你可以提供支持，但你仍然需要考核绩效。

这里有一些方法可以帮助你追究责任。

⊙ 考核团队成员（不接受任何借口）

从原则上说，所有的团队成员每年至少要接受一次年度考核，以及在两次年度考核之间接受两到三次的简短考核。然而在实际操作当中，这些考核往往并不会落实，或者至少是拖了又拖。

如果考核时间不固定，团队成员就无法在工作绩效和需要改进的地方及时得到公司的反馈。更糟的是，这么做还会让团队成员感到不受重视。

定期考核不是人力资源部门的工作，而是你的工作。

⊙ 使用事实和有形结果考核绩效

我们很难根据模糊的目标来评估团队成员的绩效。例如，"我们需要扩大我们的品牌影响力"或者"让我们提升留住客户的能力"。

在营销团队里，目标要尽可能地与你正在处理的"价值区"内的"大问题"有关。它们应该是客观的，而且最好是可以量化的。典型的目标有市场份额、相对价格、品牌偏好、年度客户留存百分比和预算内按时交付的项目。

营销领导者经常告诉我们，营销目标很难量化。但是，当我们接触到他们的团队成员和工作时，我们发现大多数工作（不管它们是什么）其实都能够得到有效测量。

唯一的限制条件是，测量有时需要加入某个定性维度。例如，如果团队的目标是"将 X 产品的营收增加 Y%"，那么，你可能还要说明，涨价或过度促销都不允许。

在一个拥有共同价值观的运作良好的团队里，这个定性维度应该是显而易见的，并且可以不言自明。但是，如果你带领的是一个新组建的团队，那么除了定量目标之外，你可能还需要详细说明定性目标。

设定量化目标需要在一开始就付出更多的努力，这会使量化目标非常清晰，而且容易考核。根据市场营销领域的经验法则，至少 50% 的团队目标应该是定量的。

⊙ 考虑由他人考核你的团队成员

与考核有关的一个"大问题"就是你自己。在考核你的直接下属时，你做不到完全中立，绝对做不到。因为是你带领他们工作，所以你对每一名下属考核的同时，也是你对自己的考核。

为了解决这个问题，我们已经帮助多名营销领导者找到了一种更有效的考核机制。

这一做法就是，营销领导者与其他部门的领导者交叉考核彼此的团队。例如，你考核财务团队，技术部门负责人考核你的团队，而财务部门负责人考核技术团队。

这一考核机制在实际当中如何操作呢？

作为一名营销领导者，假设你已经同意评估一名来自财务团队的成员。

首先，你要直接与对方谈话，询问对方的工作目标，以及过去一年的完成情况。

然后，你与对方的上司、同级和直接下属谈话，以此来全面了解被考核人的表现。为了进一步增加客观性，你还可以查看对方的360度数据（如果有的话）。接下来，你要对这名成员的工作情况进行深入的、有证据支持的评价。

最后，你要与考核自己团队的同级领导者（加上一名人力资源人员）会面，就被考核人的绩效和打分达成一致。

这种交叉考核机制有很多优点：其一，考核本身会更加客观和严格；其二，你可能会发现从前没有认识到或未能解决的团队绩效问题；其三，你还能了解其他部门的团队领导者如何带领和考核他们的团队成员。

与传统的"内部考核"方式相比,"交叉考核"所花费的时间要更多一些。但是,很多尝试过"交叉考核"的团队都不想再换回从前的方式。

一位客户告诉我们:"一开始,我觉得这么做完全不靠谱,这得花掉多少时间?我现在已经完全相信,新的做法更加公平,我们也能得到更多的收获。我再也不想回过头去搞内部考核了。"

⊙ 绘制职业生涯发展图

为一家企业工作的时候,你有没有过这样的感受:"没有人关心我的职业发展。"之所以会有这种感受,那一定是因为领导者做了什么,或者没做什么。在市场营销领域,这种情况似乎尤为普遍。

我们遇到的一位首席人力资源官,他甚至告诉我们:"我们不做职业生涯规划。它只会提高期望。"我们强烈反对这种思维方式。首先,我们认为,提高员工的期望通常都是一件好事,只要他们的想法没有脱离现实。而且,就算他们的想法脱离了现实,你所采取的措施也应当是给予适当的反馈。其次,对于有潜质的营销人员来说,如果你不在你们公司帮助他们管理职业生涯,他们就很有可能主动把握自己的命运,跳槽到别的公司。

职业生涯规划并不像火箭科学那般深奥,你可以与人力资源顾问一起为你的团队绘制一幅职业生涯发展图。从实际操作来看,就是每年你都要与人力资源部门的同事开一两次会,讨论你下属的职业发展、你对他们的期望,以及可能做出的调动或升迁

CHAPTER 03　发动你的团队

（下属不在场）。要求你的直接下属也对他们的团队成员做同样的事情，并将结果告知于你。因为这关系到人才开发、继任规划，以及对可能出现什么问题的预测。

你可以组织一场关于职业生涯发展图的讨论，以此来让每个人形成清晰的整体认识，也借此机会与团队成员开诚布公地讨论这一话题。

每个人都知道，对营销人才的管理在任何组织里都不会是"完美的"。但是，职业生涯发展图将会使整个团队在这一方面迈出一大步。

⊙ 想方设法奖励实际的成果（而不仅仅是努力）

对于大多数营销人员来说，以成果为依据的奖励实为罕见。许多营销人员告诉我们，他们的年度奖金与他们的个人业绩几乎没有关系。

我们理解改变奖励机制这件事并不简单。形成这样的机制通常基于全公司范围内的决策。

因此，作为团队的领导者，你必须站出来支持你的团队。这需要你做到两件事：

1. 你必须向你的上司提供充分的理由来支持依据绩效实施奖励的做法。
2. 你必须掌握能够展示团队业绩的数据，以此来支撑你的建议。

作为一位优秀的团队领导者，你必须竭尽所能，努力奖励团队成员所发挥的独特影响力。

⊙ 准备当"恶人"

作为一名营销领导者，有时你必须解雇员工。除非你精神不正常，否则你肯定不会喜欢做这样的事，尤其当对方是你喜欢的那种人的时候。不过，这就是工作的一部分。

在一些情况下，你所能犯的最严重的错误就是逃避当"恶人"。杰西卡[①]是一家大型非营利组织的营销主管，她最头疼的团队成员是肯。一年前，杰西卡聘用了肯。但是，尽管她想尽了办法来培训肯，他还是经常完不成工作，并且对工作毫无热情。杰西卡打心底里知道，肯是不会改变的。可万一自己判断错了呢？是不是自己忽略了什么事情？于是她决定再试一次。在与人力资源经理商谈后，他们达成了一致，再给肯三个月的时间来展示他的能力。他们每周都会组织一次辅导，肯可以与他们讨论问题并获得帮助。

针对肯的一切安排看起来大有希望，然而不幸的是，这么做还是没有效果。因为在大部分的辅导场合，肯都迟到了。有一次，杰西卡还在走廊里听到他抱怨这家公司。他的绩效毫无起色，并且正在毒化整个团队的氛围。她无法忍受事情再这样下去了。

---

① 姓名和背景信息均已更改。

CHAPTER 03 发动你的团队

杰西卡找来肯和人力资源经理开了一个会。她深吸一口气说:"肯，恐怕要告诉你坏消息了……"(顺便说一句，善良的人不喜欢解雇人，往往一张口就拐弯抹角。事实上，杰西卡这样做是很好的，即直接告知对方是坏消息。坏消息是早晚都要说的，长痛不如短痛。)"这次会议是讨论你的离职问题，"杰西卡继续说，"对不起。我们将尽我们所能来帮你平稳过渡。"肯看上去一点都不显得惊讶。他说，他觉得非营利机构不是他应该待的地方，对他来说，离职也是好事。

对团队来说，肯的离开是一个巨大的解脱。杰西卡立即感受到了变化。反过来，团队成员也意识到，虽然理解和支持非常重要，但问责也必不可少。下一次，她会更早地充当这个"恶人"。

如果有团队成员表现不佳，首先你要努力找出其中的原因。也许这些团队成员需要帮助，承担了错误的角色，或者个人感情出了问题。提供辅导和支持后，局面可能会扭转。

如果这么做不起作用，你就要给他们一个明确的警告，并且制订可衡量的改进目标。如果他们的业绩仍旧没有起色，你就要严格地审问自己是否尽了全力，他们是否更适合其他职位。

之后，如果情况还是没有改善的话，你就要与人力资源部门紧密合作，让他们离开公司。

我们已经花费这本书的大部分篇幅讨论了如何通过发动你的上司、你的同事和你的团队来拓展"价值区"。对你来说，这将是一段艰辛而又兴奋的旅程。你将从哪里找到发动他人所需的能量呢?

现在，我们来看看，你如何发动一个特别重要的人——你自己。

你必须回答的关键问题

作为一名营销领导者，承担团队里——诉诸结果和督促尽责——的"法官"角色，或许会让你感到不适。但是，如果你真的想拓展公司的"价值区"——客户需求与公司需求的交集，你就必须设定绩效标准并实施考核。营造崇尚绩效的文化和督促尽责对于领导者的成长和成功非常重要。思考下面这些问题：

团队绩效

◎ 你经常设定完成任务的最后期限吗？
◎ 你跟进的事情能否在最后期限之前完成？
◎ 你是否记录并跟进会议上达成的决议，而不是记"流水账"？
◎ 你是否赞成下属大致分配时间的方式？
◎ 你是否经常公开庆祝团队所取得的成绩？

团队责任

◎ 你是否定期考核你的团队，从无例外？
◎ 你团队的绩效考核是以事实和成果为考核依据吗？
◎ 其他部门的领导者有没有帮助你进行团队考核，以便使判断更加客观？
◎ 你是否绘制了职业生涯发展图，并且定期展开相关的讨论？
◎ 你设置的团队奖项是否与工作成果直接相关？
◎ 如果一名团队成员总是完不成工作，你会充当"恶人"，在必要的时候让对方离开公司吗？

你也可以在下面的网址下载这些问题：
www.marketingleader.org/download

CHAPTER 04

发动你自己

说到底,梦想是计划的一种形式。

——格洛丽亚·斯泰纳姆(Gloria Steinem)

第 10 大原则
爱上你的工作

(核心问题) 我如何用专业知识激励他人？

我们已经强调过，你要通过发动你的上司、同事和团队来帮助公司拓展客户需求与公司需求之间的交集（"价值区"）。但是，拓展"价值区"可能需要花费大量的时间和精力。只有你喜欢你所做的事情，并且他人能够见到你充满激情的样子，你才能成功地、持续地发动他人。

作为一名营销领导者，你所从事的是激励他人的事业。想想看，你的上司可能会否定你的想法，你的同事可能会忽视你的意见，即使是你的团队成员也有可能通过用脚投票（例如，三心二意地工作，甚至辞职）来反对你。

激励是营销领导力的重要组成部分。

但是，你怎么做才能发动他人呢？实际上，这很简单。要想发动他人，你必须首先发动你自己。对，就是这么简单。

尝试下面的做法。思考一个你不大关心的话题——比如工作

CHAPTER 04　发动你自己

中的无聊事务、报税等你不感兴趣的事情。然后，站在镜子前面，想象镜子里的影子是你的一位同事。花30秒，与你的这位同事聊聊这个话题。当你说话的时候，仔细看着镜子里的脸。你看到了什么？

接下来，思考一个你真正感兴趣的、能让你感到激动和兴奋的事情。再次与你镜子里的"同事"面谈30秒，不过，这次谈论的是你感兴趣的话题。你看到其中的区别了吗？我们确信，在后一种情况下，你的脸上会表现出更多的兴奋。这时，你眼中闪烁着的那种活力就是鼓舞人心的力量。如果他人看到了闪烁在你眼里的力量，他们也会受到你的鼓舞。

你眼中的力量非常容易被发现，而且很难伪装。人类的身体语言和面部表情非常微妙、复杂，即使是最强大的计算机也做不到完全模拟（目前还做不到）。这就是电影中虚拟人物仍然无法取代人类演员的原因——它们给人的感觉非常不真实。

发动他人的关键在于，你自己要拥有鼓舞人心的力量。除此之外，别无他途。

在这里以及后面的内容中，我们将分别讨论这一原则的三大来源。首先是知识（客户、产品、行业），然后是你的个人偏好（"有什么事情让你兴奋莫名"），最后是你的愿景。所有这三点——知识、偏好和愿景——都可以成为你的力量源泉。正如我们将要证明的那样，鼓舞人心的力量是你作为一名营销领导者最强大的武器。

10.1 强大的力量来源——知识

对于作为营销领导者的你来说,知识指的是什么?它为什么能对你起到激励作用?

你对关于客户、行业和公司产品的"是什么""为什么""如何做"等问题的了解,是你最重要的资本。你每天早上起床工作,为的就是获取这些知识。

要想帮助你的公司拓展"价值区",你必须知道客户需要什么,为什么需要,以及他们怎样形成购买的决定。你还必须了解你的竞争对手在做什么,为什么要做,以及如何做。而且,要想在产品营销上有所创新,你还得了解产品本身,理解为什么会有这样的产品存在,并且还要在相当程度上知晓它们的制造过程。

这类细节能够为你提供灵感,能够使你成为行家里手。你知道得越多,你就能做得越好。

这一点也不奇怪,对于我们研究中的营销领导者来说,知识(我们称之为"爱上你的工作")是非常重要的。它对营销领导者业务影响力的贡献度为18%,对他们职业成就的贡献度为9%。当你把这些数字与其他原则的重要性进行对比时,你会立即发现,对于你的成功来说,知识非常关键。

CHAPTER 04　发动你自己

对营销管理者业务影响力和职业成就的贡献度

业务影响力	爱上你的工作（18%）
职业成就	爱上你的工作（9%）

　　不同领导行为对营销领导者业务影响力和职业成就的相对贡献大小可以表示为每一种领导行为的贡献度占据神经网络模型中所有领导行为的贡献度的百分比，样本数量：1232。

　　在我们的研究中，"爱上你的工作"主要指关于客户、行业和公司产品的知识。

市场营销人员 DNA 研究，巴塔和巴韦斯，2016 年（The Marketer's DNA-study, Barta and Barwise, 2016）

　　深入挖掘我们的研究数据时，我们发现了一个明显的悖论：对于你的业务影响力来说，最重要的影响因素是你对客户和行业的了解。但是，对于你的职业成就来说，最重要的影响因素就变成了你对公司产品的了解。

　　我们来深入分析这一悖论：

对营销管理者业务影响力和职业成就的贡献度
（"爱上你的工作"）

业务影响力	客户知识（9%） 行业知识（6%） 产品知识（2%）
职业成就	客户知识（1%） 行业知识（3%） 产品知识（6%）

不同领导行为对营销领导者业务影响力和职业成就的相对贡献大小可以表示为每一种领导行为的贡献度占据神经网络模型中所有领导行为的贡献度的百分比，样本数量：1232。

数据细分时做了四舍五入。

市场营销人员 DNA 研究，巴塔和巴韦斯，2016 年（The Marketer's DNA-study, Barta and Barwise, 2016）

正如我们所说的那样，对于你的业务影响力来说，了解客户和了解行业都非常重要。仅"客户知识"一项就占据了 9% 的相对贡献度，而"行业知识"也占据了 6% 的相对贡献度。

相反，当涉及职业成就时，你的产品知识的贡献度就占据了首位。引人注意的是，客户知识和行业知识都不是高级营销管理者职业成就的强大推动力量。而产品知识的相对贡献度却高达 6%。

有人可能会认为，了解客户和行业的营销领导者更容易得到晋升，然而事实并非如此。要想升到更高的位置，你还必须熟知公司的产品。

正如你所料，在我们所研究的高级营销管理者中，74%的人认为他们了解客户，80%的人认为他们了解行业。这是个好消息（尽管我们一度期待这一数字能超过90%）。

认为自己熟知公司产品的高级营销管理者占比较低，只有69%。对于想拥有更加明亮的职业前景的营销人员来说，这个数字应该更高。

但是，在公司内部，其他人是否认为营销管理者真的了解客户和行业呢？答案是否定的。这是一个问题。经济学人智库向389位企业高层管理者调查了一个简单的问题："在你们公司，谁能代表客户的声音？"只有32%的被调查者首先列出了他们的营销负责人。

同样地，在我们的360度研究中，只有65%的营销管理者的上司表示，他们的营销管理者能够"确保营销团队认识到了解并满足客户需求的重要性"。这一数字落后于销售管理者（74%）和总经理（70%）。

要想成为一名能够激励他人的营销领导者，你就必须成为公司中最了解客户、行业和公司产品的专家。这一点非常重要。

用新加坡邮政集团前首席执行官沃尔夫冈·拜尔的话来说，"如果你了解你的客户，那么组织中的每个人都想和你打交道"。

如果你还在寻找充实自身知识的做法，那么就可以看看下面这些实际的建议。

10.2 成为了解客户的人

在写这本书的时候,有一个问题始终困扰着我们——我们是否应该专设一个主题来讨论关于客户的知识?这毕竟是一本写给营销人员看的书,告诉营销管理者客户有多么重要,难道不像告诉鱼游泳有多么重要一样蠢?

然而,事实并非如此。

正如我们所看到的那样,并不是每一位高级营销管理者都很了解客户。就算是最成功的公司也曾经对客户知之甚少。2000年,当雷富礼(A.G.Lafley)开始执掌宝洁公司时,公司超过80%的产品投放失败。他转型战略的重头戏之一是一项名为"客户是老板"的计划,它重新强调了了解客户的重要性。他们运用了多种研究方法搜集信息,公司的管理者们还花费了大量的时间直接与客户交流。

这里有一些做法可以让你更加了解客户(市场研究仍旧很重要,这里就不赘述了)。

⊙ 先在营销领域外发力

深入理解客户、行业和公司产品的一个极好做法是在更换工作的时候先做营销领域之外的工作。换句话说,你要通过了解组织里的某些其他部门来入门。

有这样一位营销负责人,我们称他为"戴维"。他告诉我们,他刚进入美国一家钢铁制造公司的时候,他的上司——首席运营

CHAPTER 04 发动你自己

官要求他不要马上进入营销部门。

这位首席运营官告诉戴维:"你了解营销,但是对于钢铁,你完全还是个新手。如果你不赶紧了解基本的技术知识、产品、客户,还有这个行业如何运作,那么这个公司里就没有你说话的份儿。你怎么知道哪些东西重要,哪些不重要?"

起初,首席运营官的建议让戴维很生气。毕竟,他认为自己是一名出色的营销管理者。不过,最后他还是同意到营销之外的其他部门进行为期5周的适应性工作。事实证明,这是他职业生涯中最明智的决定之一。

他首先进入了售后团队。从那里,他了解到客户对公司的服务很不满意。随便一个人都有一段不愉快的经历要讲。"所有的客户都说,我们公司很大,"戴维说,"但我们不是最好的公司。我们做起事来效率很低,跟我们打交道也很不省心。"

在销售部门,他看到行业对大客户的竞争已经白热化,而且竞争几乎完全集中在价格上。为了打败竞争对手,销售团队急需新的钢铁品种、更优惠的价格和更好的技术。戴维发现,最有利可图的优质客户是中等规模的公司,他们更重视产品的质量、可靠性和服务水平,而不是价格。他还注意到,销售和营销部门没有太多的互动——正是他日后改变了这一点。

对戴维来说,他在钢铁厂度过的那一周最让他感慨。他一直以为,钢铁只是一种简单的基础性产品。然而,他却遇到了一些对自己的工作感到极其自豪的工程师和轮班领导者。此外,他也了解到钢铁生产过程的复杂和工艺的先进。

在短短的5周里,戴维就发现了他能够立即解决的痛点。他

深度营销

对钢铁生意仍旧不甚熟悉,但是,他现在已经在公司内部建立了自己的人际关系网络,他对"大问题"的把握也要比几周前精准多了。最重要的是,他发觉其他部门的同事对他的尊敬胜过了他们对前任营销管理者的尊敬,因为他一直在努力了解行业、公司的产品和公司其他部门存在的问题。

戴维的建议是:"如果可以的话,一定要从营销部门之外干起。"

⊙ 离开你的办公室

从原则上说,大多数营销管理者都同意:一些最精彩的商业创意来自你与客户的交流和互动。但是,今天的工作节奏远超过去,所以,想要离开办公室,去跟客户"泡"在一起是很困难的。我们来看托马斯的亲身经历:

"当我向一群银行高管介绍定期举行客户见面会的想法时,有人这样回应道:'我每天已经工作12个小时了,你要我拿什么时间来开这些会?'几十年来,银行一直依靠外部专家进行客户研究。于是,银行自身已经不熟悉客户的生活了。

"我对每一位高管人员的工作时间分配情况做了匿名的调查后,他们的态度发生了明显的转变。工作时间分为五类:(1)推动业务;(2)有效会议;(3)无效会议;(4)内部电子邮件;(5)其他。当我们宣布分组统计的结果时,现场鸦雀无声。

"他们大约有60%的时间属于有效时间,如类别(1)和类别(2)。其余花费的时间在很大程度上都是无效的。在场的所有人很快同意,他们实际上也可以腾出时间来与客户会面。"

一项研究发现,在美国的大型公司中,员工花在明显有效的工作上的时间只有一半多一点。这些明显有效的工作包括:主要工作职责(45%)和有效会议(9%)。另一半时间则花费在发送电子邮件(14%)(有些有用,有些没用)、遭到打扰和无效会议(15%)、行政管理(12%)和其他事务(5%)上。

看起来,"没有时间去与客户见面"像是一个站不住脚的借口,特别是对身为营销领导者的你来说。是时候离开办公室了!

⊙ 通过与客户交谈获得更多商业想法

在 B2B(企业用户)市场,与客户交谈很简单。你可以跟对方聊他们最看重的事情、他们的长远规划,需要你如何来帮助他们,以及你们的竞争对手在哪些方面做得比你们好。对方讲话的时候,你要记笔记。过后你再持续跟进。

你要特别针对两种特定类型的客户展开交流。首先是最具创新性的客户,因为他们能帮助你了解未来的市场趋势。其次是最不满意的客户,因为他们能帮助你改善用户体验,特别是解决那些引起客户不满的、破坏客户忠诚度的重大问题。

你最好能用音频或视频把客户的评论记录下来。客户原原本本的评论,尤其是真实的视频片段,能帮助上司和同事理解究竟是什么引发了客户的满意或不满意。他们诉说的虽然只是一些个别事件(需要继续进行系统地研究来判断类似的情况是否普遍存在),但是,这些事件不仅难以否认,而且特别有情绪感染力。

在B2C（个人用户）市场，你可以听听消费者代表在座谈会上说了什么，或者对他们进行深度访谈。你也可以听听服务热线的电话录音，到销售现场接触销售人员，或者去门店为顾客提供服务。

尽可能多地在真实市场环境中使用自己和竞争对手的产品，同时发动亲朋好友做同样的事，然后向他们询问尽可能多的反馈。

在可能的情况下，用心观察消费者如何购买和使用你们的产品。像宝洁公司的雷富礼和利洁时公司（Reckitt Benckiser）的巴特·贝克特（Bart Becht）这两位曾经的首席执行官一样，你也可以推动你的团队定期对消费者进行家访。宝洁公司和利洁时公司从中得到的一些想法使它们得以长盛不衰。

怎样做才能让你至少一半的商业想法直接来自客户呢？

⊙ 直接向客户寻求帮助

你可以在观察客户的基础上更进一步，直接让他们帮你开发产品。

在运动服装品牌阿迪达斯成功的背后，这家公司花费了数千个小时与客户一同设计产品，改善各种服务。

百事公司前首席营销官萨勒曼·阿明曾经表示，他们与客户进行了直接的互动，并借此取得了一些巨大的成功。他说："成功案例之一是我们的薯片品牌多力多滋（Doritos）跟超级碗（Super Bowl）长达6年的合作，这是一次绝妙的实验。我们邀请客户参与进来，为他们喜爱的品牌编辑广告文案，这么做引发了非常热烈的反响。另一个成功案例是我们与英国薯片品牌乐事（Walkers）的合作。我们制作了一辑名为《征集新口味》（Do Us a Flavour）的节目，我们的客户提出了一百多万种口味的创意。不过，让客户这么做并不是因为我们想要获得新口味的创意，而是因为我们想让客户参与进来，让他们感觉自己也享有部分经营权，感觉我们真心想要听取他们的意见。"

你不需要很多的预算来与用户合作开发产品。我们曾为一家小型食品生产商提供咨询服务，每周会邀请5位客户喝咖啡、聊天。这家公司从这些客户的发言中学到了很多东西。

如果你有更多的资源，你就可以运用在线研究小组来升级这一做法。这就像隔壁办公室里聚集了一屋子的客户，你可以随时问他们各种问题，而对方也能在第一时间收到。通常，你会在几小时甚至几分钟内得到回答。

⊙ 将研究与分析结果转化为见解

你是只做了研究，还是从研究中学习？

你有没有见过堆积了大量的研究报告却不去使用的公司？这是一个相当普遍的问题。

要想成为一名拥有决策影响力的营销领导者，你必须深刻理解公司的客户！这项工作不能外包，也不能交由其他部门去完成。

事实上，只拥有数据是不够的。你必须确保公司能够从自身所做的研究中得出一流的见解！

抓住每一个强化公司收集、分析和使用客户数据，并形成深刻见解的机会。对客户的深入理解往往是提高和创新的关键，同时还能让客户买账。

你要问自己三个问题：

1. 我们是否用尽了所有可能的方式来加深对客户的理解——包括但不限于正式的市场调查？
2. 为了获得可运用于实践的新见解，我们是否运用了我们所掌握的全部数据？
3. 这些见解能否传达给关键的决策者并影响决策？

几乎可以肯定地说，你在这三个方面都有改进的余地。

例如，要想获得可运用于实践的见解，你可以指定某一名团队成员为每一项研究都撰写一份旨在便利决策的结论摘要。你要回答三个核心问题——"有什么新发现？""哪些发现可以用来改善经营？""在实际当中可以如何应用？"

如果某一种研究方式所得到的一系列见解缺乏新意或难于应用，那么就可以考虑换别的研究方式。

记住，对客户的理解是你作为营销领导者必须超越公司里其他人的领域。它既是"以客户为中心"的创新动力，也是长期经营业绩的主要支撑。

CHAPTER 04 发动你自己

探索：从大数据中获取对客户的理解

很多营销管理者都面临着一个新的难题——如何从大数据中获得可运用于实践的、对客户的理解？

由于大数据是一个非常时髦的概念，对它的误解很多，所以我们在这里给出一些实用的建议。

大数据通常意味着数据量很大，而且大多是其他活动（例如，公司的日常运营和客户的社交媒体对话）的副产品，而不是专门用于理解客户。大数据通常以不同的形式散布于公司内外，格式上也很可能不兼容。其中还包含错误和缺失值，因此很不容易整理和分析。总体来看，大数据就是一团乱麻。不过别紧张，这是非常正常的现象。

数据丰富的公司可能会同时进行多个大数据项目。你也可能会收到关于研究项目、研究方法和研究工具的大量建议。对非专业人士来说，这些方法和工具中的大部分都如同天书一般。看到这里，你可能会再次倒吸一口凉气，不过这也是正常现象。

利用大数据进行客户分析的难点主要在于领导力，而不是技术。你作为营销领导者的职责不是成为数据专家，而是要拥有商业思维。你要总揽全局，提出正确的问题，然后才能让数据专家来施展身手。下面是一些提示：

◎ 退后一步，问问自己：我们要解决哪些业务方面的问题来拓展"价值区"？你有无穷无尽的项目可以分析——网络口碑、客户流失率、分销、反馈、竞争力、营业收入、价格趋势、客户偏好、盈利能力、钱包份额等等。不要试图将所有这些内容都纳入分析计划。确认你想为公司解决哪一个"大问题"。然后,与你的团队一起,找出最有可能帮助公司拓展"价值区"的项目。

◎ 创建一份公司的信息地图。当前有哪些客户相关信息流入公司或与公司有关?这些信息在哪里?以什么方式存在?很少有营销部门有这样的地图,但它是深入理解客户的一个非常好的工具。

◎ 取部分数据钻研。无论你的分析系统有多么高级,你都应该能够通过人工分析少量样本来得出你对客户的理解。尝试初步的小规模试验性分析。通过亲手处理这些数据,你慢慢就能猜出能够得到什么样的结论,结论是否有显著性,以及全面分析结束后,你可能总结出什么样的模式,得出什么样的判断。

◎ 为计划中的大规模数据分析项目了解情况。例如,邀请三家公司,为他们介绍如何帮你分析数据,以此来解决你的关键业务问题。告诉他们你要解决哪些问题,有什么样的数据,以及你在试验性分析中得出了什么样的结论。询问对方,将来进行大规模常规数据分析的时候,他们会使用什么样的方式来得出并验证结论。了解报价、时间表,以及哪些公司已经使用了他们推荐的方案,并询问可否与这些公司交谈。通过听取几种不同的意见,你就能在它们之间进行比较,同时深入了解哪些事情能做到,哪些做不到,哪些能负担得起,哪些负担不起。

◎ 在实施 IT 解决方案时,继续进行人工数据分析。大数据的诱惑之一是,你会迫不及待地上马一个花里胡哨的项目,期待它们有一天能为你带来非同寻常的结果。这种做法通常花费巨大,缺少灵活性,而且速度慢,失败率高。也许,在相当长的一段时间里,你都无法得到关于客户的任何见解。更糟糕的是,最终,你很可能会发现系统的设计有错误,特别是在反复调整,让系统变得更为复杂之后（因为他们想到了更多"如果有……该多好"的功能）。你要采取另一种做法，要求大数据项目在实施的每一个阶段都能得出成果——哪怕通过人工来完成。这样一来，你既可以不断学习，又能把握好项目的走向。

◎ 聘请你自己的数据分析师。这么做使你能够将数据分析与更传统的客户见解并行使用。所有的企业都在寻找优秀的数据分析师，所以，你要准备好多花点钱——这是一项战略投资。如今，所有的营销团队都必须具备强大的分析能力。

尽量避免同时运行几个大型数据分析项目，并且上面的这些步骤要不折不扣地执行。

10.3 成为了解行业的人

了解客户显然必不可少。但是，正如我们已经证明的那样，要想成为一名成功的营销领导者，你还需要对行业有深入的了解。了解行业是很多营销管理者经常忽视的事情，你可不要成为他们当中的一个！以下是关于如何快速了解行业的一些建议。

⊙ 经常考虑有关行业竞争的问题

如果你的公司完全没有定期的竞争情报报告机制，那么请建立并推行之。

这里有一个了解行业的简单做法。与你的团队成员一起回答下面 4 个问题并就回答展开讨论。每季度小规模做一次，每年全面做一次。

1. 这些年来，我们行业的增长情况如何？
2. 长期的价格和需求趋势是什么？
3. 我们主要的竞争对手采取了哪些策略？
4. 如果我们是他们，我们会采取哪些策略？

这里主要的竞争对手是指，那些会对你的成功带来巨大影响的少数公司。选取 2—5 家竞争对手公司，最多 5 家。这些公司最好各有特点，比如，规模最大的、盈利最好的，或者创新能力最强的。为了决定重点分析哪些公司，你可能需要与销售主管、战略负责人，甚至首席执行官沟通。

阅读有关你的公司和这些主要竞争对手的专业分析报告和财经新闻评论。

有的营销领导者甚至每季度都会抽出半天时间来扮演自己的主要竞争者——站在对方的角度，为对方考虑替代策略。我们还看到一个营销团队布置了一间作战室，墙上贴着各种图表，有的描绘了行业的发展，有的显示了主要竞争对手的情形。他们通过角色扮演来分析竞争对手下一步的行动，同时考虑竞争对手的主要竞争对手，后者包括他们自己的公司。

如果你肯花点力气组织一场模拟竞争（找一个聪明的毕业实习生撰写一份小型案例研究），你可能就会惊讶地发现，人们扮

CHAPTER 04 发动你自己

演起竞争对手的首席执行官或首席营销官来是多么像模像样。事实上，他们通常非常喜欢从竞争对手的角度批评你的公司以及采取策略！

在了解竞争对手的时候，不要纠缠在细节上面。你的目标是弄清楚最重要的趋势，揣摩对方的心思，以此来判断他们有可能采取的策略，并据此制订自身的策略。

⊙ 拓宽行业视野

"走出去，从大局总览我们这个行业，有了这样的经历，我才为我的公司做出了一些最重要的决定。"市场营销学教授、金佰利公司前总裁罗伯托·贝拉尔迪（Roberto Berardi）如是说。

你的目标是，每年参加最重要的2—4个行业会议。没有多少营销管理者会这样做——这一经历能够为你带来深刻的启发。

⊙ 定期与你的团队成员总结经验

很多人都知道，礼品类电子商城"高街没有"（notonthe-highstreet.com）的创始人索菲·科尼什（Sophie Cornish）和霍利·塔克（Holly Tucker）每年1月都会抽出时间一起外出。她们会反思成功经验和失败教训，确定来年的愿景和方向，以及核定她们的长期计划。

类似地，你和你的团队成员也应该每年寻找一个时机来反思自己在行业中的位置，以及哪些竞争策略能把公司带入新一轮增长。

每当我们使用这一战略思考方法来指导营销团队时，团队成员都会变得更有干劲，通常也会产生意料之外的绝妙想法。

10.4 成为了解产品的人

国际物流企业马士基航运公司（Maersk Line）前首席人力资源官迈克尔·奇弗斯（Michael Chivers）说："失败的营销管理者往往不能深入地理解我们的产品和产品系列。"

对于转换行业的营销管理者而言，缺乏产品知识尤其是个问题。例如，银行和制药公司聘请做消费品营销的营销管理者，失败率往往很高。懂得营销软饮料并不能让药企老板印象深刻，相信你的专业技能也能迁移到他们的行业。

我们已经谈到过，熟知你的产品是营销人员获得职业发展的主要推动力。对所有的营销领导者来说，快速了解产品都应该是工作的重中之重。以下是有助于你做到这一点的一些建议。

⊙ 尽可能地使用自己的产品

了解产品的最佳方式之一就是成为你自己的用户。如果你的公司经营消费品（如冰激凌或 T 恤衫），那么使用自己的产品就不是一件难事。不过，你也得知道，你可能代表不了更广泛的用户。

但是，如果你通常用不到公司的产品，那该怎么办？对许多

CHAPTER 04 发动你自己

面向企业用户的营销领导者来说,这是一个真实的难题。但是,即使你通常用不到你所营销的产品,你也可以制造机会来使用。国际建筑涂料品牌多乐士(Dulux)前市场总监马特·戴(Matt Day)这样说:"我有一个年轻的团队,成员们大多租房居住,而且租期较短,所以从不粉刷房屋。于是,我组织了一系列活动,比如翻新社区设施,其中会用到我们自己的配色服务和产品。此外还有行业客户现场参观,与室内设计师一起工作,以及在研发实验室定期测试我们和竞争对手的产品。"

⊙ 与产品开发团队或运营团队合作

花一些时间(数天甚至数周)与产品设计开发团队一起合作。尽早建立这种关系能够显示出你对他们工作的尊重和关心。你也能在开展营销活动之前深入了解公司当前和未来的产品。而且至关重要的是,你会大致知道什么样的产品优化容易实现或不容易实现。

尽量安排时间定期拜访产品团队。如果他们有例会,你可以询问自己是否可以参加几次。你也可以邀请他们与你的团队一起讨论产品和开发进度。你很可能会发现,即使是非常忙碌的人也会非常乐意谈论他们正在做的事情。

有的营销领导者定期在生产现场开小组会,借此机会与生产部门展开讨论(当然,工厂有严格的生产目标,如果你打算这样做,那就要尽量减少对生产的打扰)。

这些会议(即使用时很短)能够帮助团队成员解决日常工作

中的一些疑惑。这么做也能帮你在做决策（例如价格促销）之前了解哪些措施容易实施，哪些措施可能会遭遇阻碍。

经常接触产品开发团队和运营团队将为你带来巨大的好处，比如当你与他们合作改进产品或服务来满足客户的核心需求的时候。

⊙ 轮换团队成员

加深团队成员对产品的理解，同时提升他们与产品团队的关系的另一种做法是团队成员轮换（我们在这本书里的"发动你的团队"部分谈到过这个问题）。在一些公司，营销和产品团队会定期交换人员，每两三个月一次。这么做不仅能将知识带入团队，而且还能与公司的其他部门建立起紧密的协作关系，增进相互之间的理解和尊重，改善沟通，同时从新的想法和经验中获得益处。

⊙ 了解产品损益

作为一名营销领导者，你必须了解生产和交付产品的实际成本。

产品总会有可变成本和固定成本，你需要了解它们。而且，管理费用的分摊通常具有假设的性质。找出这些信息，以便在必要的时候提出质疑。

例如，我们的一位客户正想砍掉某条"无利可图"的产品

CHAPTER 04　发动你自己

线,他们的首席营销官却突然发现这条产品线被分摊了过多的固定成本。事实上,这条产品线还是非常盈利的。直到首席营销官对产品损益提出质疑时,砍掉产品线的念头才最终被打消。

确保你手中握有产品损益信息,并用心研究,直到你完全理解它们。你与财务团队建立的良好关系正好在这里派上用场。

对于身为营销领导者的你来说,知识可以成为激励他人的强大力量。但是,掌握除单纯的市场营销知识之外的其他知识能够为你带来更大的益处——它可以让你在组织中扮演更重要的角色。

著名营销专家、亿康先达(Egon Zehnder)国际咨询公司的迈克尔·迈耶(Michael M. Meier)与我们分享了下面的建议:"特别是在你营销生涯的早期阶段,不要把自己的兴趣局限在营销领域。你要有更广阔的商业视角,并且在销售、渠道营销等业务领域积累经验。最成功的营销领导者就是这么做的。"

你必须回答的关键问题

知识是营销领导者激励他人的强大力量,因此也是你拓展"价值区"的重要杠杆。了解客户和行业能够显著提升营销领导者的业务影响力。同时,了解公司产品是营销领导者职业成就的重要驱动力。

客户

◎ 你怎样花更多的时间直接与客户交流？
◎ 你能与你的客户共同了解市场需求和制订优惠价格吗？
◎ 你怎样做才能将数据转化为见解？现有的市场调查真的让你有所收获吗？你可以重新分配资金来得出更加深刻的见解吗？
◎ 你会使用什么样的策略来分析大数据并运用分析结果？

行业

◎ 你如何定期进行竞争力评估，以此来了解行业动态和趋势，以及竞争对手的策略？
◎ 你是否经常参加最重要的行业会议？
◎ 你是否能抽出时间（也许一年一次）来反思你与竞争对手在行业中的位置，并调整你的计划？

公司产品

◎ 你能与研发或生产产品的同事展开更加密切的合作吗？
◎ 你如何定期与产品部门轮换团队成员？
◎ 你和你的团队成员能想方设法花更多的时间下车间吗？
◎ 你是否了解（并且完全理解）你的产品损益信息、固定成本和可变成本，以及管理费用在不同的产品之间是如何分摊的？

你也可以在下面的网址下载这些问题：
www.marketingleader.org/download

第 11 大原则

了解你的激励方式

(核心问题) 作为营销领导者,我该如何激励他人?

11.1 "认识你自己" ①

正如我们先前所讨论的那样,作为一名营销领导者,你所从事的是激励他人的事业。你作为营销领导者的大部分工作都是发动各个层级的一大群人来拓展公司的"价值区",即客户需求和公司需求之间的交集区域。

由于你不能向上司和其他部门的同事发号施令,你甚至不能通过"命令和控制"的方式来管理你的团队,那么最好的办法就是激励他们。

我们在前面谈到过,你能够激励他人的部分原因来自你(和

---

① 古希腊德尔斐太阳神庙里的铭文。

你的团队）对客户、行业和公司产品的了解。除此之外，你能够激励他人的另一部分原因就是你本身和你的信仰。

营销管理者有时会问我们："我怎么做才能更有魅力？"魅力是感染他人的能力，常被视作只有少数人才拥有的神奇力量。

实际上，要想激励他人，你并不需要亨利·福特或圣雄甘地那样的伟大理想，不需要马龙·白兰度或劳伦斯·奥利弗的银幕形象，也不需要西塞罗或马丁·路德·金的演讲技巧。鼓舞他人比做这些事情要简单得多，并且你已经在这样做了。

在我们的营销领导力研讨会上，学员们经常发现，他们激励他人的能力要远远超出他们对自身的认知。而且，最能激发他人的往往是他们在日常工作中的一些很小的举动——他们认为理所应当的行为。

研讨会强度比较大。学员们一起讨论两到三天，制订影响力策略，提升领导能力。其间，他们反复提出想法，展开辩论和尝试新的角色。

在第二天结束的时候，我们会问一个简单的问题："房间里有谁激励了你？"我们发给每个人一些索引卡和一支笔，要求他们在每张卡片上写出一个擅长激励他人的人的名字。我们还要求他们简要地解释为什么这个人激励了他（她）。然后，我们会收集所有的卡片，并在夜里将每一张卡片塞入名字所对应的酒店房间门缝。通常，80%的学员都会收到至少一张卡片。

第三天，当学员走进会议室的时候，他们会看到墙上贴着一张表格，里面写了善于激励他人的人的所有行为和人格特征。学员们看这张表格的时候，整个房间安静得出奇。

CHAPTER 04　发动你自己

"你太有感染力了。"

"你的眼里到处都是商机。"

"你坚持自己的信念。"

"即使身处困境,你也能让我展现笑容。"

"你对你的团队真上心。"

"我欣赏你服务客户的热情。"

看完这些话之后,学员们很快意识到,他们已经有能力激励他人了。而且,最感染人的通常是既不起眼又简单的举动。

我们的建议是,首先了解自己激励他人的方式,然后加倍这样做。

在更清晰地了解自己的激励方式之前,我们先来看我们的研究结果。了解自己如何激励他人这一点是否关系到你的职业成就?答案是肯定的。

对营销管理者业务影响力和职业成就的贡献度

业务影响力	了解你的激励方式(2%)
职业成就	了解你的激励方式(12%)

不同领导行为对营销领导者业务影响力和职业成就的相对贡献大小可以表示为每一种领导行为的贡献度占据神经网络模型中所有领导行为的贡献度的百分比,样本数量:1232。

在我们的研究中,"了解你的激励方式"主要指认知自己的梦想、恐惧、优势和弱势,以及了解自己如何影响他人的领导行为。

市场营销人员 DNA 研究,巴塔和巴韦斯,2016 年(The Marketer's DNA-study, Barta and Barwise, 2016)

深度营销

在我们的研究中，了解自己激励他人的方式是高级营销管理者职业成就的重要推动力，相对贡献度为12%。这种自我认知同时也提升了他们的业务影响力，只是贡献度只有2%（不过，如果你坚持这样做的话，长远来看还是可以提升你的业务影响力的）。

营销管理者们知道自己如何激励他人吗？我们没有在研究里直接询问这个问题。我们想知道的是，他们是否有激励他人的基本条件——知道自己的梦想、恐惧、优势和弱势。大多数高级营销管理者（79%）表示，他们很了解自己，也熟知自身对他人的影响。这是我们的研究中得分最高的几个项目之一。

在我们的360度数据库中，营销领导者的上司对这一点的评价要更加保守一些（一如其他项目）。只有66%的上司表示，营销管理者努力认识自己。并且，只有55%的上司认为，营销管理者善于从错误中总结经验。尽管如此，与上司对其他部门管理者（比如财务、运营等部门的管理者）的评价相比，营销管理者在自我认知方面还是高于平均水平。

所以，作为一名营销领导者，你应该已经对自己有相当程度的了解了（即使你的上司认为你不大善于从错误中总结经验）。不过，如果你仍然想要提高，那么可以按照下面三个步骤来找到和打造一颗充满感召力的内心：

步骤1：确认有什么事情能让你精神振奋（这是关键的一步）。
步骤2：今天就搞清楚你激励他人的方式。
步骤3：展现"有效真实"。

11.2 步骤 1：确认有什么事情能让你精神振奋

为什么企鹅不会飞？因为它们的身体已经进化出了别的本领——在水中捕鱼。

成功的管理者只做他们最擅长的事，同时找到其他得力的帮手来做他们不擅长的事。

苹果公司出色的前首席设计师乔纳森·艾夫设计了苹果公司的标志性产品——iMac、iPhone 和 iPad。然而，在创办橘子（Tangerine）设计工作室的时候，他却不是一位优秀的领导者，同时也并不开心。当他放弃成为一名企业家的梦想，加入苹果公司去做他最擅长和最喜欢的事情时，他的事业也迎来了巨大的突破。这件事就是创造美观、实用和出自直觉的产品。

同样地，如果你正在做你热爱的、认定的、看重的，或者只是单纯向往的事情，那么你或许也很容易激发出自己的潜能。

心理学里有一个非常有用的隐喻——冰山模型（见图 11.1），你从前可能见到过。这一模型简单地说就是，人类可以观察到的行为只是意识的和无意识的想法、感受、信仰、价值观和需要的巨大冰山的一角。

要想更多地了解所有这些观察不到的东西，你就要付出努力，这一点非常重要。由此产生的认识将有助于你制订出有效的、尤其能够激励他人的领导策略。

```
          行为
     ─────────────
       想法、感受

      信仰、价值观

         需要
```

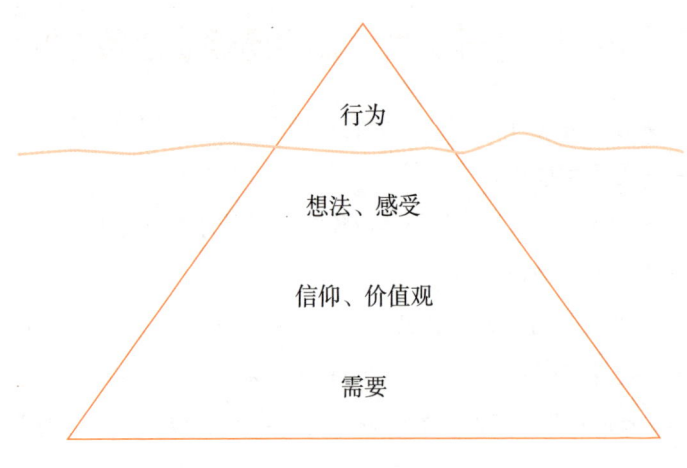

图 11.1 冰山模型

你如何才能深入"水下",了解有什么事情能让你精神振奋?这是一个至关重要的问题,我们接下来会详细讨论。

首先,常见的迈尔斯-布里格斯类型指标(MBTI)、"大五"人格特质(Big Five)、优势识别器(StrengthsFinder)和我们自己的 C-DNA 测量法等心理测试都是认识自身一般人格特征和偏好的快捷、有效的方法。如果你过去做过其中的某项或多项测试,我们建议你再次回顾测试结果。问问自己:我的人格中最有代表性或最重要的特质是什么?

然后,花一些时间系统地反思你的职业生涯和你目前的工作。我们发现,对以下三个基本问题的回答可以帮助营销领导者了解到底是什么在职业方面激发了自己:

1. "是什么促使我做出了成为一名营销领导者的重大决定？"
2. "在我职业生涯中，最快乐的时刻是什么时候？"
3. "在我目前的工作中，最激动人心的事情是什么？"

最后，为了更加深入地理解是什么让你心向往之，我们推荐一项由领导力专家戴维·布朗（David Brown）设计的效果很好的练习，它的名称是"为什么，为什么，为什么？"（Why, why, why?）这项练习用时大约 20—25 分钟。如果你只做一项练习，那么就做这一项！做完以后，你就知道我为什么会这样说了。

1. 在每一张纸上写下一个你在生活中扮演的角色（如配偶、父母、朋友、部门负责人、管理团队成员、营销专家等等），可以写 6—10 个。
2. 在每一张纸上，写出这个角色为什么对你来说很重要的 6—10 条原因。
3. 看看所有这些"为什么"，然后选出在这几张纸上重复出现的 3—5 条原因，具体说法可以不一样。

这项练习能让你意识到很多对你真正重要的事情。而且，了解这些重要的事情是培养激励式领导风格的一个很好的起点。

继续寻找是什么东西让你心驰神往。让我们从希腊神话的启示中了解那些能够激发营销领导者的元素。

逻各斯（理性）世界中的厄洛斯

厄洛斯是奥林匹斯山上古希腊众神中最年轻的一位，只要被他的箭射中，一个人就会爱上他希望他（她）爱上的那个人。

因为拥有独特的神力，厄洛斯成为希腊神话中家喻户晓的神祇。但是，厄洛斯的这一神力也给自己招来了麻烦。在其他神（大多是更具理性的神）的眼里，厄洛斯像一个调皮的男孩，往往行事任性，造成无法预料甚至灾难性的后果。他藐视年龄和地位，因此即便拥有独特的神力，别的神也从不认为他有足够的责任心担当任何事情。

是不是听起来很耳熟？营销领导者在个性上往往更靠近厄洛斯，但是他们却在崇尚理性的公司里工作，这就会生出一种天然的紧张关系。

一般来说，公司的大多数领导者都关心"理性型"事务，比如流程、事实和数据。这么做是有道理的。比方说管理生产、财务和IT事务，需要非常精确且清晰的原则。财务团队的职责是理清并管理公司的现金、成本和投资。由于首席执行官必须交出季度业绩，他们就得要求财务团队把视线放在当下和不远的过去，以此来解决问题，提高业绩，维持公司的正常运转。

但是，营销领导者常常与他们那些"理性型"同事不同。他们就像厄洛斯，最喜欢干的就是激发欲望。为了让公司长盛不衰，营销领导者对将来、外部市场和新观念的关注要多得多。

CHAPTER 04　发动你自己

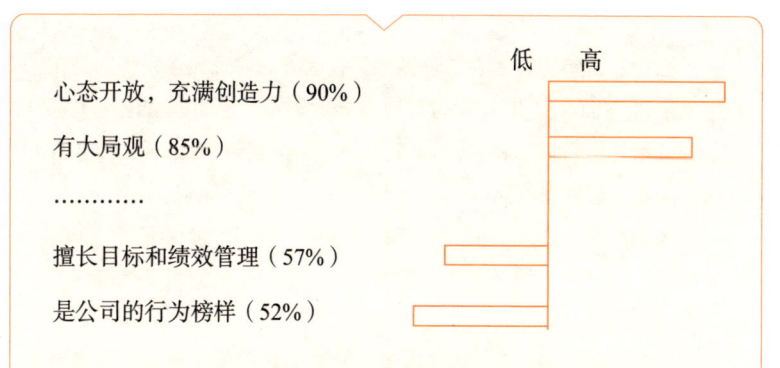

	低　　高
心态开放，充满创造力（90%）	
有大局观（85%）	
……………	
擅长目标和绩效管理（57%）	
是公司的行为榜样（52%）	

图 11.2　营销领导者如何看待自身

市场营销人员 DNA 研究，巴塔和巴韦斯，2016 年（The Marketer's DNA-study, Barta and Barwise, 2016）

如图 11.2 所示，在我们研究的高级营销管理者中，90% 的人认为自己心态开放，充满创造力，这是所有问卷结果中比例最高的数字。像厄洛斯一样，营销管理者注重情感，为人外向，喜欢结交朋友。85% 的人认为他们有大局观。

他们的上司是否同意这两点呢？嗯，他们的看法非常一致！我们的 360 度数据库中的上司认为，与其他部门的领导者相比，营销管理者更有战略眼光，更擅长寻找新的商业机会。

此外，这些上司们也认识到，营销管理者看重人际关系。而且他们认为营销领导者比其他部门的所有领导者更善于探索新观念，学习新事物。

在上司们的眼中，营销管理者拥有一种外向的心态，是一群充满热情、意志坚定的人。营销管理者把独特的视角引入公司，也带给公司发现机会和建立联系的能力。

然而，营销管理者在"理性型"技能方面表现欠佳，特别是在绩效管理方面。只有57%的营销领导者表示，他们能够围绕关键的业务指标进行目标和绩效管理。对很多营销管理者来说，绩效管理并不是他们的强项。

不出所料，在我们的360度数据库里，对于"确保下属达到绩效标准"一项，上司对营销管理者的评分也低于他们对其他部门领导者的评分。

"理性型"技能的欠缺或许可以解释为什么很多营销管理者把自己看作组织里的"边缘人"。只有52%的人认为他们是公司的行为榜样。上司们也认为营销管理者有时会显得离经叛道。只有48%的上司认为营销管理者"在特定情境中展现出了适当的行为"。在这一点上，营销领导者在所有部门领导者中得分垫底。无独有偶，厄洛斯在行事方面也被认作大有问题——实际上，制造麻烦在他看来反而是一件乐事。

营销管理者常常是理性世界中的厄洛斯。他们对客户充满激情，善于战略思考，重视人际关系。但与此同时，他们也应该想方设法与主导现在组织的理性型领导者保持更好的关系。

如果说厄洛斯和逻各斯（理性）是两个极端，那么你处在中间的哪个位置？了解这一点是非常有好处的。

比如，如果你是"理性型"的营销管理者，你就可以用你的条理、明晰、事实和数据激励他人。自然地，你与其他"理性型"领导者（如首席财务官）也比较容易合拍。

如果你的个性更加倾向于厄洛斯，你可能就会主要凭借你的创造力、对客户的理解和对需求的感知来激励他人。

无论是厄洛斯还是逻各斯，问题不在于你"能否"激励他人，而在于你"如何"激励他人。

⊙ 了解你处在厄洛斯和逻各斯中间的哪个位置

在我们所做的研究的基础上,我们设计了一项简化版的"厄洛斯-逻各斯"自我测试。现在,你就来完成它!测试的时候,不要想太多,只要根据感觉快速打钩就好。然后数数你各自勾选了多少个"厄洛斯式"词和"逻各斯式"词。这一测试能够让你在很短的时间里大致了解,你处在厄洛斯和逻各斯中间的哪一个位置。

以下哪些词更接近你的性格?

"厄洛斯式"词	"逻各斯式"词
创意	事实
战略	根据
想象	证据
问题	答案
人际关系	权力
人情	程序

看看你的选择结果。你是偏向厄洛斯,还是偏向逻各斯?

11.3 步骤2:今天就搞清楚你激励他人的方式

在我们的研究中,大多数营销领导者在情商方面得分都相对较高,并且已经知晓他人如何看待自己。不过,如果你想在如何影响他人方面了解更多,你可以立即使用下面这三种获得反馈的有效方法：

方法 1：找 5—10 个人（朋友或同事），询问你激励他们的方式是什么。你需要他们诚实作答，所以尽可能采用匿名的方式，比如使用我们在前面的内容里提到过的索引卡片。

方法 2：阅读你在过去的学习和工作经历中所得到的评语。你过去是如何影响他人的？

方法 3：参加 360 度评估。一次标准的 360 度问卷调查能够为你提供关于你的行为、长处和短处的详细定量反馈。更全面的 360 度问卷调查还能为你提供前瞻性的判断和建议，被调查人也会反馈你激励他们的方式。

11.4 步骤 3：展现"有效真实"

激励他人的第一步是了解自己最擅长什么。如果你已经完成了步骤 1 和步骤 2，那么你很可能已经了解自己激励他人的方式了。

现在，我们要把这些了解应用于实践，也就是说，你要加倍展现你最能激励他人的行为，同时放弃那些可能妨碍你成功的行为。

⊙ 加倍展现最能激励他人的行为

激励他人不是你可做可不做的事情，它是你工作的重要组成部分。你必须一以贯之地做这件事。

托马斯回忆说："几年前，我曾带领一个庞大的国际团队。

CHAPTER 04　发动你自己

尽管我们在商业上取得了巨大的成功，但团队的士气却不够高昂。我很快意识到，我得点燃他们的工作热情。我为我们团队的工作感到自豪，但是我从来都没有跟他们说起过这一点。我得让我的团队成员看到我自己精神振奋的一面，特别是在项目遇到困难、工作难以推进的时候。

"随后，凡是开会，我都会首先强调我们团队的工作有多么重要。会议结束时，我也会告诉他们，我对他们的工作和团队取得的进步感到非常欣慰。

"让团队成员知道我为他们所做的重要工作感到非常自豪，这么做极大地鼓舞了团队的士气。加倍展现这种鼓舞人心的做法帮助我打造了一个充满活力的团队。"

你要不要想一想，你该怎么做？也许，你能列出一些你想要加倍展现的最能激励他人的行为，然后利用每一次机会鼓舞他人的干劲。

⊙ 改变（或者至少解释）消极的行为

真实和"有效真实"之间有一条细微的分界线。后者才是更适合营销领导者的做法。

"真实型领导"是一个经常被误解的概念。它的核心思想是，你把自己的领导合法性建立在诚实和道德的基础之上，比如如实地展现你本来的模样，而不是总想成为别的什么人。

然而，很多人却把这个概念理解成"我很好，我不用改变就能成功"。如果是这样的话，那么前提是你已经是一个鼓舞人心的、有效的领导者。也许你正是这样的领导者，也许你不是。

遗憾的是，我们大多数领导者常常会展现出破坏性的领导行为。我们炫耀，责骂，讽刺，打断别人讲话，不一而足。

在观察自己的行为如何影响他人的时候，你也要注意这些消极的方面。

但是，对于你个性当中这些消极的部分，你该怎么办呢？你该为此做些什么呢？

首先，努力杜绝这些做法！你所能做的、能够减少你破坏性行为的任何事情都能起到帮助作用。

例如，当时还是英国著名消费者组织"选择"（Which?）总裁的帕特里克认识到："在会上提出某个议题的时候，我常常也会原原本本地说出我对这个问题的看法。我的同事们说，我说的通常都是对的（他们确实常常这么说），但也并不总是对的。而且，总裁一开始就发表自己的看法，这么做并不利于人们提出新的想法和公开辩论。我费了一些力气才学会保留自己的见解，至少在接下来的讨论阶段里再说。"

改变行为方式是一件非常困难的事情，而且常常需要很多时间，特别是那些多年来形成的、你无意识当中就会做的一些事情。所以你可以采取另一种做法——努力解释你的消极行为，以此来减少你身边的同事所受到的影响。我们来看下面这个案例：

CHAPTER 04 发动你自己

克雷格[①]是典型的"厄洛斯式"营销领导者。他是亚洲航空公司的营销经理,对服务客户充满热忱。例如,他长期关心公司的客户满意度,并且定期与客户沟通。他曾说道:"一项服务措施好不好,我凭感觉就能知道。"

但是,并不是所有的人都能跟克雷格合得来。公司的财务主管、高级分析师安德烈娅一开始就发现,她跟克雷格很难共事。

安德烈娅知道营销工作有时难以衡量,但她总觉得克雷格在数据方面很不擅长,甚至一塌糊涂。

有一天,安德烈娅和克雷格在一次会议上发生了冲突。克雷格正在做最新的市场回报分析,安德烈娅却突然打断他,说这些数据荒谬得可笑,还说克雷格让她觉得财务回报是无关紧要的。在接下来的几周里,他们几乎没有说话。克雷格很生气,在他看来,安德烈娅根本不懂如何让客户满意。而安德烈娅却认为克雷格的想法完全不切实际。

克雷格的上司把两人叫到了一个房间里,谈论之前冲突发生的一幕。不过,他并没有把注意力放在过去,而是要求他们两个人分别谈谈他/她认为什么事情对企业的发展最重要。于是,安德烈娅开始大谈如何通过改善损益表来让公司保持活力。克雷格也以类似的热情谈论了客户服务为何是所有重要事务的核心。

这次讨论对克雷格和安德烈娅两个人产生了很大的影响。他们意识到两个人对工作都充满了热情,但是,他们所拥有的技能

[①] 姓名和背景信息均已更改。

却相当不同。克雷格理解，安德烈娅对财务数据的关注是公司达成季度目标的关键。安德烈娅意识到，克雷格服务客户的想法对公司也必不可少，有时确实难以用数字衡量。她永远也想不到他的那些想法。在对客户的理解方面，她也永远达不到他的水平。

安德烈娅回忆说："当克雷格解释他为什么不擅长分析，但他的创造力为什么又能帮助公司发展的时候，克雷格就成了一个有感染力的人。"

解释你在工作中的做法可以产生惊人的效果。我的另一位首席营销官客户这样告诉她的团队："有时我很冲动。我不是要故意吓唬你们，我就是这么一个人。但是如果我做得太过分，而我又没有意识到的话，请一定立即告诉我。"

另一位领导者向同事解释说，他很内向，有时有想法也不会说出口，因为他天生就不喜欢争抢着说话。

如果你有一些伤害工作有效性的消极行为，那么就努力减少或杜绝它们。如果这么做非常困难，那么就对你的消极行为，以及你很难改掉它们的原因加以解释，从而帮助你和他人和睦相处。

我们服务过很多成功的领导者，他们谁都不会说："我生来的行事风格就是最有效的。"他们大概只会这样说："我加倍展现我最鼓舞人心的行为，并且尽我所能去改变，或者至少解释那些阻碍我激励他人的东西。"

所以，在培养有效的营销领导风格时，你要考虑如何激励他人，并且改变（或者至少解释）你的消极行为。

这就是最有效的、真实型营销领导风格。

你必须回答的关键问题

作为一名营销领导者,了解自己和认识你对他人的影响是重要的职场发展推动力,同时也能强化你的业务影响力。为了拓展你的影响力和公司的"价值区",你必须了解你个性中那些能够激励他人的特质。这样一来,你才能更好地发动他人。

问你自己:

- 有什么事情能让你精神振奋(能够同时激励你和他人)?特别是哪些事情?
- 是什么原因促使你做出了成为一名营销领导者的重大决定?
- 在你职业生涯中,最快乐的时刻是什么时候?
- 在你目前的工作中,最激动人心的事情是什么?
- 你今天会怎样激励他人?
- 你怎样做才能更多地展现你最激励人心的一面?
- 你应该努力杜绝,或者至少需要向身边的人解释的消极行为有哪些?
- 你最有效的、真实型营销领导风格是什么?

你也可以在下面的网址下载这些问题:
www.marketingleader.org/download

第 12 大原则
设定更高的目标

(核心问题) 你的营销领导愿景是什么?

领导营销工作能让你获得很多益处。但发动你的上司、你的同事和你的团队成员来拓展"价值区"也需要你付出很多时间,承受巨大压力。通常,你必须克服障碍,协调冲突并承担风险。

到目前为止,我们已经讨论了既能激励你自己,也能帮助你激励他人的两大原则的来源:一是爱上你的工作(了解客户、行业和公司产品);二是了解你的激励方式(是什么让你充满激情)。

作为一名营销领导者,拥有一个鼓舞人心的梦想能够帮助你实现你觉得做不到的事情,同时还能激励他人。这就是我们现在所讨论的激情的第三个来源——你想要实现的激动人心的愿景。

"设定更高的目标"是 12 大原则中的最后一个。它能帮助你发动上司、同事、你的团队成员和你自己,提升业务影响力,赢得职业成就,同时还能帮助公司最大限度地拓展"价值区"。

CHAPTER 04　发动你自己

让我们通过一个案例，看看营销领导者梦想的力量。

12.1 时代广场上的公司标志

当西蒙·康（Simon Kang）在 2000 年初接手乐金（LG）在美国的家电业务时，业内几乎无人看好。

此时，乐金在美国其实并没有什么业务。此前推出的品牌乐喜金星（Lucky Goldstar）下面只有几款产品，预算也颇为寒酸。而新的乐金品牌更是无人知晓。

西蒙从前的职业生涯基本上是在法国度过的，他既没做过多少营销工作，对品牌建设也知之甚少。再加上预算微薄，缺乏支持，成功的希望确实非常渺茫。

一天晚上，工作了一整天的西蒙躺在沙发上休息。这时，他的脑海里突然萌生了一个想法：我想在时代广场上看到闪烁着彩色光芒的公司标志，就在其他著名商标的旁边。

对西蒙来说，这一充满雄心的愿景激发出了一系列富有创意、非同凡响的产品构想和营销操作。他与营销代理机构一起制订了"聪明的点子，惊喜的发现"的理念，即创造性产品，激发用户发现新用法。

没过几个月，他就设计了彩色的冰箱，开发了新的智能功能，在经销商的门店前面张贴了新颖的户外广告（这些都是公司能够负担得起的措施），同时还邀请用户飞赴韩国参观公司的研发实验室，面见高层管理者。

215

深度营销

西蒙的梦想驱使他奔走在会场之间，使他赢得了公司董事会、工厂同事和他自己的团队成员的信任，并最终创造出了他想要的不同寻常的产品。

他的想法也实现了。今天，乐金已经成为美国著名的家用电器品牌。

那在时代广场上树立公司标志的事情怎么样了？你去看看就知道了！

12.2 你需要"搞"个愿景吗？

几十年来，讲述领导力的众多书籍已经让一个观念深入人心——领导者应该"以终为始"（例如："你想让人们在你的葬礼上如何评价你？"）。许多领导者确实发现了设定愿景的强大力量，比如西蒙·康。

但是，并不是所有人对此都持有相同的看法。在向营销领导者介绍设定个人领导愿景的意义时，我们经常听到这样的反馈，"定太多目标会扼杀创造力"或者"该发生的总会发生"。

我们的数据显示，对营销工作愿景的作用持怀疑态度的人的看法是错误的。

拥有激励人心的个人愿景（我们称之为"设定更高的目标"），是营销领导者业务影响力的重要推动力（相对贡献度为5%），同时也与第5大原则——走出你的办公室——并列，是营销领导者获取职业成就的首要动力（相对贡献度为13%）。

CHAPTER 04　发动你自己

对营销管理者业务影响力和职业成就的贡献度

业务影响力	设定更高的目标（5%）
职业成就	设定更高的目标（13%）

不同领导行为对营销领导者业务影响力和职业成就的相对贡献大小可以表示为每一种领导行为的贡献度占据神经网络模型中所有领导行为的贡献度的百分比，样本数量：1232。

在我们的研究中，"设定更高的目标"主要针对个人对生活、公司和自身职业生涯的设想，以及所应遵循的原则。

市场营销人员 DNA 研究，巴塔和巴韦斯，2016 年（The Marketer's DNA-study, Barta and Barwise, 2016）

当我们为了写这本书而与许多成功的营销领导者交谈的时候，我们发现，他们几乎都拥有雄心勃勃的远大目标。例如，有一位首席营销官想要改善儿童的营养状况，并为此专门建立了品牌。另一位首席营销官则渴望在他的国家——一个发展中国家——建立一个品牌，并梦想有一天成为首席执行官，这样他就可以更多地帮助他的国家。还有一位首席营销官从她做品牌经理开始就梦想有一天能够成为首席营销官。

如果你仔细想想，你会立刻明白为什么你的个人愿景如此重要。拓展"价值区"不可能一蹴而就。往上说，你必须发动你的上司，以此来赢得高管团队的支持。横向说，你和你的团队必须发动其他部门的同事，以确保公司能够始终提供优质的消费体验。往下说，你需要发动你的团队成员，使他们成为你所需要的能够解决公司"大问题"的领导者。这个过程通常需要几个月甚至好几年的时间,如果公司老板能给你这么多时间的话。你必须清楚你想要实现什么,并且要坚信你能做到。如果你拥有激动人心的个人愿景,那么对你来说,激励他人就会变成一件容易得多的事。

营销管理者在愿景方面得分很高。在我们的研究中,77%的高级营销管理者表示他们有明确的关于用户体验的愿景。在关于职业生涯的愿景方面,这一数字甚至高达81%。在关于生活中重要事项的愿景方面,这一数字较低,只有58%(显然,对我们当中的很多人来说,对生活中重要事项的设想是一大难题)。

设定更高的目标所针对的不仅仅是你的品牌或公司。我们从研究中发现,最成功的营销管理者能够把客户需要和公司需要与他们自身的职业发展和生活安排结合起来。如此协调一致的愿景能帮助你鼓舞他人,同时也能让你在面对困难的时候奋力前行。

但是,如果你的个人目标和工作目标从根本上就南辕北辙,那么你就很难把它们协调起来。

想象一下,假如你为你的软饮料品牌描绘了一幅宏大的愿景,但是,你的日常工作却与你的个人理想相冲突——因为,你真正想要做的事情是开一所冲浪学校。或者,你的职业目标是成为《财富》500强的首席营销官,那么你肯定无法同时实现生养5个孩子,并且每天都陪伴他们的愿望。在这种情况下,你的梦想早晚都会破灭,到时候,你可能会承受巨大的痛苦。

公平地说,想要把工作目标和个人目标完美地结合在一起很可能也是不切实际的(大多数有孩子的人都能证实这一点)。折

CHAPTER 04　发动你自己

衷和平衡总是难以避免的。你所能采取的最好的做法就是实事求是地认清你所追寻的理想，设定更高的目标，然后放手尝试。只要认清了这一点，你就比别人具备了显著的优势。

我们写这本书的明确目的是帮助营销人员成为营销领导者，所以，我们不会像大多数讨论一般领导力的书籍那样深入讨论你在生活上的重要目标（不过就这一点来说，书中的一些练习，比如"为什么，为什么，为什么？"，可能会为你带来有价值的启示）。

下面，我们来介绍一个简单的方法来帮助你描绘在发挥营销领导力方面的愿景。这样一来，你就能设定更高的目标了。

⊙ 写下你的营销领导宣言

你真的需要一份领导宣言吗？很多人会说："是的！"美国市场营销协会在针对营销领导的宣言中建议，营销人员要写下关于如何取得成功的愿景，以便推动组织实现以客户为导向，创造客户价值。很多为我们撰写这本书提供了帮助的优秀营销领导者都有某种形式的成文宣言。我们相信，你也能从成文的营销领导宣言中受益。这是用正确的语言描述目标，并且让目标具体化的有效做法。

想象一下，你在一年后打开了一封你今天写给自己的信，标题是"我的营销领导宣言"，信里写的是你为你的个人生活和你作为营销领导者的职业生涯所设定的目标。那么，今天的你会写些什么？

219

关于你想达到什么样的目标，想成为什么样的领导者，前面的内容应该已经为你提供了很多的启示。

在你撰写这份宣言的时候，不要只考虑如何拓展"价值区"，你还要考虑你的职业路径，以及你的工作如何与你的家庭生活和人生理想结合起来。

现在，你就要把你的宣言具体地写出来了（如果你还没有这样做的话）。写一封信给自己。

在接下来的45分钟里，找一个安静的地方，写下你的宣言。考虑下面这些问题：（1）我想在5年后成为什么样子？（2）我将采取哪些重要步骤实现这一目标？

你可能会在宣言中提到下面这些事项：

1. 你将为客户和行业带去怎样的影响？
2. 你将对公司产生怎样的影响，比如公司的文化和经营业绩？
3. 你在职场中会做到什么位置？
4. 你将为对你非常重要的人带去怎样的影响？
5. 你的心情和健康状况会如何？你将如何平衡你的工作和个人生活？

这是你的宣言，所以，按照你喜欢的方式来写。无论是写成故事，还是逐条列出来，都没有关系。唯一重要的是，这份宣言要能够代表你自己。

完成后，把它与你信任的人分享并讨论。这么做通常都能让

CHAPTER 04　发动你自己

你的想法更加清晰明确，同时获得更多的洞见。

下面是参加我们研讨会的营销负责人所撰写的两则宣言：

宣言一：我正在通过我的营销工作做出巨大的贡献。我已经把 X 打造成了客户最喜爱的品牌，而且，我现在已经是首席营销官了。作为董事会成员，我能在很大程度上决定我们服务客户的方式。我已经组建了行业中最好的团队。谁都知道，我们这里是一个人营销生涯的强大助推器。我总是与我的丈夫一起想方设法达成我的事业目标，同时在我的工作和家庭生活之间取得最佳平衡。

宣言二：我确保 Y 是任何年龄段女性的最佳选择，因为我们使用了最先进的 Z 技术。我凭借这一点帮助她们树立对公司产品的信心。我现在领导整个 Y 集团的市场营销工作，我要用我的激情和创意帮助 Y 品牌从市场的二号品牌成长为头号品牌。人们认为，我是公司里最优秀的团队建设者。在工作当中，我不仅充分发挥我的创造力，我还在不断地提高自己的分析能力。我每周只工作 4 天，所以工作非常紧张。但是，这是我能边工作，边陪伴三个孩子的唯一途径。我减肥了，现在又穿上了红色的网球衫。

要想激励他人，你必须首先激励自己，没有捷径。一旦你有了一个营销领导愿景，那么就让它释放出耀眼的光芒吧！

221

你必须回答的关键问题

一个结合了你的职业目标和个人目标的愿景将帮助你有效地激励他人,进而拓展"价值区"。

◎ 能够让你热血沸腾的愿景是什么?
◎ 你的营销领导宣言是什么?

你也可以在下面的网址下载这些问题:
www.marketingleader.org/download

后 记

不要试图全线出击

从许多方面来讲,能够成为一名有影响力的营销领导者是职场里最酷的事情之一。通过提升你的影响力,你将帮助公司拓展"价值区",进而改善公司的长期经营业绩。对你个人而言,你也将提升你的业务影响力,同时在职场上获得更大的成功。

掌握营销领导力的 12 大原则将使你能够发动你身边的关键人物——你的上司、你的同事和你的团队成员,进而让你的工作获得更大的推动力。向上,发动你的上司,赢得高层团队的支持;横向,发动你的同事,更好地为客户服务;向下,发动你的团队,代表你解决"大问题"。不过最重要的是,这 12 大原则将帮助你发动自己,使你有能量和感染力像一名优秀的营销领导者那样——拓展"价值区"。

幸运的是,你不必天生就是营销领导者。正如我们的研究所证实的那样,你可以通过学习关键的领导行为来取得营销事业的成功。

凭借自己的所长，你做到了现在的位置。现在，你只需在这一基础上继续努力——不要试图全线出击。至少在此刻，你只需在我们提到的少数领域，最好是最能立竿见影的领域，做出改进。

不要贪多求全，也不要急于求成。一步一步来，足够留心即可。

回顾这本书，列出对你最有启发的想法。然后问自己："我列出的哪些领导行为最能提升我的业务影响力，最能推动我在职场中成功？在接下来的6—12个月里，我可以实际采取哪些行为？"

最多选择三项，它们就是你的"三驾马车"。把它们作为你提升营销领导力的主攻方向，即便遇到困难，你也不要松劲。

目标要具体，同时最好能加上最后期限（但也不要过于死板）。

我的"三驾马车"

1.

2.

3.

在你心情不错的时候，把你的"三驾马车"与良师益友分享，请他们提出意见。"这些是我现在能做的、可以获得最大成效的改变吗？我可以实现这些目标吗？"让对方随时监督你的进展。

后记

如果你竭尽全力，首席执行官和其他高层管理者却仍然不支持你的想法，这时该怎么办？如果他们只是说说而已，却不做出实际行动支持你拓展"价值区"——为客户和公司创造长期价值的努力，这时该怎么办？换工作吧！如果首席执行官确实不关心客户的需求，那么你就很难有什么前途，这样的公司也很可能不会有未来。换工作吧，尽早！

你对品牌充满激情，你了解市场，你是促使公司关注客户的关键推动者，特别是在这个数字时代。

只要你愿意，你在组织中的重要性就可以得到提升。在做出关键商业决策的时候，高层管理团队会尊重你，并期待你发挥作用。

成功并不主要取决于你的基因。在众多营销领导者和专家的帮助下，我们发现了能够帮助你升职、承担工作、提升影响力的12大原则。

现在，选择就在你的手中。

在你努力做出改变的同时，请把你的进展情况告诉我们！我们非常期待在 www.marketingleader.org 网站上得到你的回应。

祝你好运！

托马斯
帕特里克

致　谢

首先感谢托马斯、凯瑟琳等家人。在我们专心写作期间，他们一直承受着我们在身心两方面的经常性缺位。感谢麦格劳-希尔公司的编辑，鼓舞人心的冬妮娅·迪克森（Donya Dickerson），她帮我们完成了这本书。感谢我们的经纪人汤姆·米勒（Tom Miller），他始终对我们的项目充满信心。

本书中的见解和建议基于"市场营销人员 DNA"研究计划。我们要感谢很多人，他们为这本书的诞生打下了坚实的研究基础。

首先，我们要感谢来自全球的 1232 位首席营销官和高级营销管理者，他们为"市场营销人员 DNA"研究计划贡献了许多隐私信息，比如他们的个性特征、角色和职业发展状况等等。

我们要感谢欧洲工商管理学院（法国枫丹白露，新加坡）的大力支持。曼弗雷德·凯茨·德弗里斯（Manfred Kets de Vries）教授、罗杰·莱曼（Roger Lehman）教授、埃里克·范德卢

致谢

（Eric van de Loo）教授和伊丽莎白·弗洛朗-特里西（Elizabeth Florent-Treacy）教授不仅鼓励我们，还自始至终为我们提供重要见解。曼弗雷德和伊丽莎白也大方地允许我们访问他们庞大的数据库，使我们能够在 67287 份领导力评估报告的帮助下进一步理解我们的研究结果。

众多首席营销官、首席执行官和领导力专家也为我们提供了他们的看法和建议。特别感谢马克·阿迪克斯（Mark Addicks）、萨勒曼·阿明（Salman Amin）、沃尔夫冈·拜尔（Wolfgang Baier）、安娜·贝特森（Anna Bateson）、南达·基肖尔·巴达米（Nand Kishore Badami）、温迪·贝克尔（Wendy Becker）、罗伯托·贝拉尔迪（Roberto Berardi）、哈拉尔德·贝尔姆（Harald Bellm）、约翰·伯纳德（John Bernard）、马克西姆·邦潘（Maxim Bonpain）、迈克尔·奇弗斯（Michael Chivers）、阿比盖尔·库默（Abigail Comber）、肖尔托·道格拉斯-霍姆（Sholto Douglas-Home）、迪伊·杜塔（Dee Dutta）、巴硕·伊姆朗格罗伊（Prasert Eamrungroj）、吉姆·法利（Jim Farley）、安东尼·弗里林（Anthony Freeling）、马歇尔·戈德史密斯（Marshall Goldsmith）、戴维·詹姆斯（David James）、本杰明·卡尔什（Benjamin Karsch）、西蒙·康（Simon Kang）、克里斯托弗·麦克劳德（Christopher Macleod）、伯恩哈德·马特斯（Bernhard Mattes）、迈克尔·迈耶（Michael M. Meier）、克里斯托弗·米哈利克（Christoph Michalik）、琼-弗朗索瓦·曼佐尼（Jean-Francois Manzoni）、蒂娜·穆勒（Tina Müller）、鲍勃·斯卡廖内（Bob Scaglione）、亚历山大·施洛毕茨（Alexander Schlaubitz）、埃

德·史密斯（Ed Smith）、丹尼斯·施赖（Denis Schrey）、斋藤清（Kiyoshi Saito）、吕克·维亚尔多（Luc Viardot）和史蒂夫·沃克（Steve Walker），以及在市场营销人员 DNA 研究项目中与我们交流过的其他高层领导者。

我们也感谢来自德国头号营销杂志《营销》（Absatzwirtschaft）的克里斯托弗·贝尔迪（Christoph Berdi）和克里斯蒂安·图尼希（Christian Thunig），以及来自首席营销官理事会（CMO Council）的多诺万·尼尔 - 梅（Donovan Neale-May）、马特·马尔蒂尼（Matt Martini）和利兹·米勒（Liz Miller），以及为我们的高级营销管理者研究提供了大量全球性样本的许多朋友们。

非常感谢托马斯在欧洲工商管理学院（INSEAD）变革咨询培养计划（CCC Program）的同事们对研究设计的重要贡献。他们是贾米勒·阿韦达（Jamil Awaida）、纳迪姆·阿卜杜勒·阿齐兹（Nadeem Abdul Azeez）、伊夫·布雷邦（Yves Braibant）、卡尔·布·玛勒姆（Carl Bou Malham）、齐夫·卡蒙（Ziv Carmon）、弗洛伦斯·贝尼特（Florence Bernet）、库歇尔·博米克（Kushal Bhomick）、安德鲁·琼斯（Andrew Jones）、克里斯托弗·格里蒙（Christoph Grimont）、亚历山大·霍普（Alexandra Hope）、纳温·卡詹基（Naveen Khajanchi）、萨兰·基尔（Sarang Kir）、纳塔莉·罗布（Natalie Rob）和卡米拉·萨金（Camilla Sudgen）。

如果没有两位杰出专家的帮助，我们就不可能完成这项研究。其中一位是成功驱动器（Success Drivers）分析公司的弗兰克·巴克勒（Frank Buckler）博士，他为我们量身设计了一套

致谢

神经网络模型，并运用它来分析数据，结果发现了很多重要的影响因素，也就是本书中所介绍的营销领导力的12大原则。另一位是行家（cognoscenti）研究公司的阿克塞尔·普尔曼（Axel Puhlmann），他为我们的研究开发了被调查者界面，极大地提高了问卷回收的质量。

这项研究尽管非常重要，但要把它写成一本书也颇为不易。比安卡（Bianca）和金特·兰佩特（Günter Lampert）在阿尔卑斯山地区的凯瑟霍夫（Kaiserhof）酒店为托马斯营造了完美的写作环境。马克·莱维（Mark Levy）和凯利·麦凯恩（Kelly McKain）也帮助我们把托马斯的"德式英语"和帕特里克的咬文嚼字融会成了一本明白晓畅的图书。

我们还要感谢所有耐心阅读并提供了建议的早期读者们。他们是阿普里尔·亚当斯-雷德蒙（April Adams-Redmond）、蒂姆·安布勒（Tim Ambler）、亚历克斯·巴韦斯（Alex Barwise）、安迪·伯德（Andy Bird）、休·伯基特（Hugh Burkitt）、布拉姆·克里克（Bram Clicke）、彼得·科里恩（Peter Corijn）、马特·戴（Matt Day）、马库斯·杜布（Markus Daub）、索尼亚·迪维托（Sonia Devito）、迪伊·杜塔（Dee Dutta）、亚历山德拉·迪克（Alexandra Dick）、保罗·费尔德威克（Paul Feldwick）、戴维·弗伦奇（David French）、格奥尔格·克莱因（Georg Klein）、因迪·考尔（Indy Kaur）、托马斯·朗（Thomas Lang）、克劳迪亚·库纳什（Claudia Kunath）、基思·麦坎布里奇（Keith McCambridge）、肖恩·米汉（Seán Meehan）、克里斯汀·莫尔曼（Christine Moreman）、威尔·摩尔（Will Moore）、

229

茱莉亚·波特（Julia Porter）、露丝·桑德斯（Ruth Saunders）、金妮·托（Ginny Too）、鲍勃·伍顿（Bob Wootton）和约翰·泽利（John Zealley）。我们希望，你们能够从这本书里看到你们的建议所引发的真正改变。

最后，如果书写了没人看，那也是没有意义的。如果没有了芭芭拉·亨里克斯（Barbara Henricks）、杰西卡·克拉科斯基（Jessica Krakoski）、佩吉·狄龙（Paige Dillon）和鲁斯蒂·谢尔顿（Rusty Shelton）在宣传上的努力，你很可能就不会读这本书。

THE 12 POWERS OF A MARKETING LEADER

How to Succeed by Building Customer and Company Value